中国名村志文化工程
Culture Project of Local Records of China's Famous Villages

U0788054

双街村志

LOCAL RECORDS OF SHUANGJIE

天津市北辰区双街镇双街村志编纂委员会　编

方志出版社
Publishing House of Local Records

图书在版编目（CIP）数据

双街村志 / 天津市北辰区双街镇双街村志编纂委员会编. -- 北京：方志出版社，2017.12
（中国名村志丛书）
ISBN 978-7-5144-2777-6

Ⅰ. ①双… Ⅱ. ①天… Ⅲ. ①村史—北辰区
Ⅳ. ① K292.15

中国版本图书馆 CIP 数据核字（2017）第 290852 号

· 中国名村志丛书 ·

双街村志

编　　者： 天津市北辰区双街镇双街村志编纂委员会
责任编辑： 冯　松

出 版 人： 冀祥德
出 版 者： 方志出版社
地址　北京市朝阳区潘家园东里 9 号（国家方志馆 4 层）
邮编　100021
网址　http://www.fzph.org
发　　行： 方志出版社图书经销中心
电话　（010）67110500
经　　销： 各地新华书店
排　　版： 北京纺印图文设计制作有限公司
印　　刷： 北京中科印刷有限公司

开　　本： 787 × 1092　　1/16
印　　张： 15
字　　数： 304 千字
版　　次： 2017 年 12 月第 1 版　　2017 年 12 月第 1 次印刷

ISBN 978-7-5144-2777-6　　**定价：** 120.00 元

◉ 序一

连绵不断地编修地方志是中国独有的优秀文化传统，承担着赓续文明、传承文化的重任。保存至今的 8000 余种、10 万余卷历代方志，蕴含着传统文化基因和海量文化信息，既是中华优秀传统文化的重要组成部分，又是传承、彰显中华优秀传统文化的重要载体。

在各种类型的地方志编纂中，村志编纂古已有之，但从未进入国家层面的地方志编纂序列。新中国成立以来，党中央、国务院高度重视包括村志编纂在内的地方志工作，出台了重要文件。中央领导发表了重要讲话、作出了重要批示。习近平总书记高度重视包括村志编纂在内的地方志工作。2004 年 10 月，他在担任浙江省委书记时到江山市凤林镇白沙村考察，看到村民编纂的《白沙村志》，鼓励村民把村志继续编纂下去。2014 年 4 月，刘延东副总理在与第五次全国地方志工作会议部分会议代表座谈时指出："要结合发展的新形势，加强对地方志包括部门志、行业志、专题志、乡镇村志编纂的业务指导和服务。"2015 年 8 月，国务院办公厅印发的《全国地方志事业发展规划纲要（2015—2020 年）》，正式将中国名村志文化工程列为主要任务之一。2017 年 5 月，中共中央办公厅、国务院办公厅印发的《国家"十三五"时期文化发展改革规划纲要》指出："完成省、市、县三级地方志书出版工作。开展旧志整理和部分有条件的镇志、村志编纂。"可以说，村志编纂迎来了历史上的最好时期。

农业、农村、农民"三农"问题，是数千年来影响中国社会发展最核心的问题。中共中央高度重视"三农"工作，从 2004 年起，连续 13 年，每年的中央 1 号文件都聚焦"三农"。中共十九大报告更是提出"农业农村农民问题是关系国计民生的根本性问题，必须始终把解决好'三农'问题作为全党工作重中之重"，特别是提出了"乡村振兴战略"，这是中国共产党在中国特色社会主义进入新时代后，对农村发展问题所做出的准确把握和与时俱进的战略应对，是建设中国特色社会主义强国战略的重要组成部分。改革开放近40年来，在党中央、国务院高度重视社会主义新农村建设的新形势下，各地涌现出一大批历史文化名村、经济强村、新农村建设示范（试点）村、美丽乡村和特色村，成为先进生产力和先进文化的代表。客观记录中国农村全面建成小康社会的进程，向后人展示在中国共产党领导下农村千年未有的巨变，是地方志工作者肩负的光荣而重大的历史使命。编纂中国名村志丛书，是记载当代中国农村发展变革的重要途径。

文化寻根，寻的是其发展的源头和根基。村落是中国传统文化的根基所在。农村的生产生活方式、社会规范、宗族文化、宗教文化、民风习俗、传统节日、民间艺术等，无不镌刻着中国人独特的民族性格，这就是家国情怀、文脉绵延、精神归属。在快速城镇化进程的冲击和开发性破坏下，大量传统村落面临消亡的危机，村落蕴含的历史文化信息也流失殆尽，抢救性保护刻不容缓。编纂中国名村志丛书，是保存村落历史文化信息，抢救、保护村落文化最好的方式。

一方水土养一方人。家乡的山水草木、村间小巷、乡俗民情会在每个人心头留下深刻的烙印，这就是故土情结。而村落的形成与发展离不开人的活动。编纂中国名村志丛书，通过记述村落建筑、名门望族来追溯村落的历史；通过记述村落规模、布局、人口、物产等反映人口来源、宗族兴衰、生活习惯、文化背景、宗教信仰、经济发展等，体现环境与人相互影响、相互作用、相互发展的既矛盾又统一的关系；通过记述戏剧、音乐、舞蹈、美术、文学、手工技艺等文化形式，展示百姓在长期的生产生活实践中摸索和总结出的智慧结晶，强化人们沟通感情的纽带。编纂中国名村志丛书，是传承乡俗、诉说乡音、记住乡愁、纾解乡思，激活历史传统、唤起共同文化记忆、塑造共同心灵认同的重要文化工程。

中国名村志文化工程以践行文化自信、传承中华文脉、彰显时代发展为己任，以打造全国地方志系统的重要品牌为目标，在体裁运用、篇目设置、资料选择等方面进行大量的创新，突出“名”和“特”，拣选各个名村中最值得记述、最具有代表性的人、事、物，予以浓墨重彩的描画，从而形成系列的、高质量的、可读性强、雅俗共赏的地方志读本，让地方志紧接地气、贴近百姓，让地方志成果进入寻常百姓家，让人民群众共享地方志成果，让越来越多的人从地方志中感知传统、历史和记忆，成为传统村落和传统文化的守护者，成为中华优秀文化的传承者。

是为序。

中国社会科学院院长
中国地方志指导小组组长 王伟光
2017年11月

◉ 序二

习近平总书记指出："让居民望得见山，看得见水，记得住乡愁。"这句富有诗意的重要论述不仅唤醒了中国人城镇化建设过程中对于人和自然关系、人和历史关系的思考，同时也引发了学界对"乡愁"进一步进行文化意义解读的兴趣。从本质上看，乡愁是一种源自主体体验的情感，隐含了一种人们带着乡愁追寻自我生存与生命意义、追寻诗意栖居的精神家园的美学思辨。同时，这种追寻自我生存的主体逐渐转向大众群体，乡愁也由传统单一的"文化乡愁""爱国情怀"演变为对于"理想家园"的精神追求。

中国有近 60 万个村庄，约有 5000 个古村落，被住房城乡建设部和国家文物局界定的传统村落就有 1561 个。随着中国城镇化步伐的加快，乡村的版图日渐凋敝，大批农村青壮年劳动力走进城镇，融入了新的生活。然而，每逢传统佳节，那种挥之不去的离愁别绪挟裹着亿万农民工，又融入了返乡的滚滚洪流。这是乡愁的情愫牵动着他们，是故乡的山、故乡的水、故乡的老屋、故乡的小吃在牵动着他们，是故乡家家户户的楹联和口口相传的故事，以及只有在隆重的传统佳节才有的古老的民风习俗在牵动着他们。

文化可以体现一个民族、一个国家、一个社会的重量与体温，这是文化的力量之所在，而村落是传统中国的根脉所系，乡土社会是最能够体现中国传统文化特征的地方。梁漱溟曾指出："中国文化是以乡村为本，以乡村为重，所以中国文化的根就是乡村。"我曾在《建设社会主义新农村的理论与实践》一书中指出，在新农村建设的过程中，必须"保护和发展有地方和民族特色的优秀传统文化，创新农村文化生活的载体和手段，满足农民群众多层次、多方面的精神文化需求"，而编纂村志尤其是实施中国名村志文化工程就是一个重要举措。实施中国名村志文化工程，编纂中国名村志丛书，以最基层的村落为研究对象，寻根传统村落的历史，梳理村落的发展脉络，以唤起人们的归属感和认同感，探索新型城镇化和社会主义新农村建设过程中，如何留住乡音、乡风、乡思，继承传统文化精华，挖掘丰富历史智慧，是贯彻落实中央城镇化工作会议精神和中共十九大提出的“乡村振兴战略”的重要举措，是当前和今后一个时期全国地方志工作者的重要工作。

虽然村落文化正在日益远离当下生活，但我们可以抓住诸如基本村情、文物胜迹、古村保护、特色文化、旅游名胜、村域经济、风土民情、村民生活、新农村建设、艺文杂记、名人与名村等关键内容，通过志书的手法来诠释乡村文化的精华。我们如实记录着村落里的人和事，以及青山绿水、小河大树、袅袅炊烟，力争以最完整、最原真的方式呈现村落的前世今生。我们要为“迷失”的人留住乡村文化的根脉，让人们难以割舍的乡愁得以慰藉和释放。

中国名村志文化工程将触角伸向那些极具代表性的村落，它们有的历史悠久、名人辈出，有的经济腾飞、重获新生，有的风景秀丽、景观独特，有的地处边陲、神秘莫测……我们挖掘中国不同类型村落的发展之路，为探索新型城镇化和社会主义新农村建设的发展经验、发展模式、前进道路提供历史智慧和现实借鉴。因此，打造以重在表现乡村嬗变为主旨的中国名村志丛书十分必要和迫切，这是一项功在当代、利在千秋的文化工程。

近年来，随着中国经济社会的发展和国际地位的提高，越来越多的人想要认识中国、了解中国、研究中国。在这样的形势下，乡村是不可或缺的一环，我们要集中讲好发生在乡村的故事，向世界呈现一个多元的、立体的中国。乡村历经岁月变迁的风雨，见证着改革开放的步伐，寄托着数代中国人的情感。发生在乡村的故事无疑是血肉丰满的、震撼人心的、引起共鸣的。我们应该有这个自信能够讲好乡村故事，讲好中国故事，描绘出中国的底色，“让每一个中国人都能在地方志中找到自己的位置”。

可喜的是，越来越多的有识之士认识到了这一点，加入到保护、传承、发展村落文化的队伍中来。仅就编纂中国名村志丛书来看，第一批的申报范围就涵盖包括香港特别行政区在内的32个地区，申报数量高达70余部。“直笔著信史，彰善引风气，为当代提供资政辅治之参考，为后世留下堪存堪鉴之记述”，这是我们的初心和使命。希望中国名村志文化工程的实施，能够带动更多的人关注中国乡村文化，为社会主义文化强国建设作出更大的贡献。也希望越来越多的名村都来融入继承中华文化传统、颂扬中华传统文化的活动中，让正能量更多地润泽温暖人们的心灵，让更多的人“记得住乡愁”！

是为序。

中国社会科学院副院长
中国地方志指导小组常务副组长
2017年11月

◉ 中国名村志文化工程专家委员会

名誉主任　徐匡迪
主　　任　王伟光
常务副主任　李培林
委　　员（按姓氏笔画排序）
毛其智　叶裕民　李　铁　李善同　杨保军　柳　拯
倪鹏飞　魏后凯

◉ 中国名村志文化工程学术委员会

主　　任　李培林
常务副主任　冀祥德
副 主 任　刘玉宏　邱新立
委　　员（按姓氏笔画排序）
于伟平　王　晖　王铁鹏　巴兆祥　田　嘉　苏炎灶
李　江　李孝聪　张大伟　张英聘　陈泽泓　陈　强

◉ 天津市北辰区双街镇双街村志编纂委员会

主　　任　陈　健　马希荣

副 主 任　霍贵兴　张　凯　刘春东

委　　员　郭维生　胡曰钢　宋子铭　赵景秋　刘秋香

　　　　　项东季　解家富

◉ 天津市北辰区双街镇双街村志编纂人员

顾　　问　董学清

主　　编　霍贵兴　刘春东

副 主 编　赵景秋　杨爱荣　刘秀玲　胡曰钢　赵　菁

编　　辑　刘秋香　霍金荣　庄倩倩　韩玉梅　刘　奇

　　　　　郭　华　李文淑　颜昌栋　王雪艳　王金萍

　　　　　苗泽玉　汤建中　刘宝起　张天敏　赵丽萍

　　　　　郑秀娜　郭雅丽　祁莉莉　刘家继　姚　婷

双街晨光

◉ 中国名村志丛书凡例

一、以马克思列宁主义、毛泽东思想、邓小平理论、“三个代表”重要思想、科学发展观、习近平新时代中国特色社会主义思想为指导，坚持辩证唯物主义和历史唯物主义的立场、观点和方法，存真求实，全面、客观、系统记述我国村落发展变化进程和改革开放成果，传承和抢救乡土历史文化，激发爱国爱乡情怀，为探索中国特色新型城镇化建设、社会主义新农村建设的发展经验、发展模式、前进道路提供历史智慧和现实借鉴。

二、为全面反映入志事物发展脉络，各志上限尽量追溯至事物发端；下限一般断至各村志启动编修年份，个别重大事项可延至搁笔。

三、记述地域范围以下限年份的行政辖区为主。为体现名村在更大区域内的意义，可以从更开阔的区域视野记述与该村相关的内容。

四、统一采用纲目体，设类目、分目、条目三个层次。横排门类，纵述史实。除《中国名村志丛书基本篇目》要求的必设类目外，其余类目根据各村实际，依照突出时代特色、地方特色的原则自行安排。

五、综合运用述、记、志、传、图、表、录等各种体裁，以志体为主。

六、除引用文字和附录文献资料外，统一使用规范汉字及现代语体文记述体。记事坚持秉笔直书、述而不作，只记事实，不作评论，寓观点于材料之中。行文力求朴实、严谨、简洁、流畅、优美，具有较强可读性。

七、人物部类遵循“生不立传”原则，人物传主按生年排序，只选录对本村发展有重大影响的人物，不面面俱到。

八、所需数据一般采用政府统计部门数据，无政府统计部门数据时选用主管部门正式提供的数据。

九、数字用法、标点符号、计量单位分别执行国家标准《出版物上数字用法》（GB/T15835—2011）、《标点符号用法》（GB/T15834—2011）、《国际单位制及其应用》（GB3100—1993）和《有关量、单位、符号的一般原则》（GB3101—1993）。历史上使用的计量单位，如斗、石、里、尺、磅、华氏度等，在引文时可照录。考虑到社会使用习惯，全书中亩不统一换算，1 公顷＝ 15 亩。

十、自中华民国成立后的纪年，均使用公元纪年。志中所称“解放前（后）”，以当地解放日为界；“新中国成立前（后）”，以中华人民共和国成立日 1949 年 10 月 1 日为界；“改革开放前（后）”，以中共十一届三中全会召开的 1978 年 12 月为界。本志“×× 年代”，凡未加世纪者，均指 20 世纪的年代。

十一、为节省篇幅，避免重复，本志采用条目互见法。参见条目的表示形式为：参见本志“×× 类目 · ×× 分目 · ×× 条目”。

十二、对旧志、古籍中的繁体字、冷僻字一般用简化字或通用字替换，易引起误解的则保留。

十三、记述各个历史时期的党派、机构、职务、地名等，均以当时的名称为准。对频繁使用的名称，首次用全称，其后用简称。

十四、各村志需要单独说明的事项，均在各自编纂始末中记述。

双街村在中国的位置

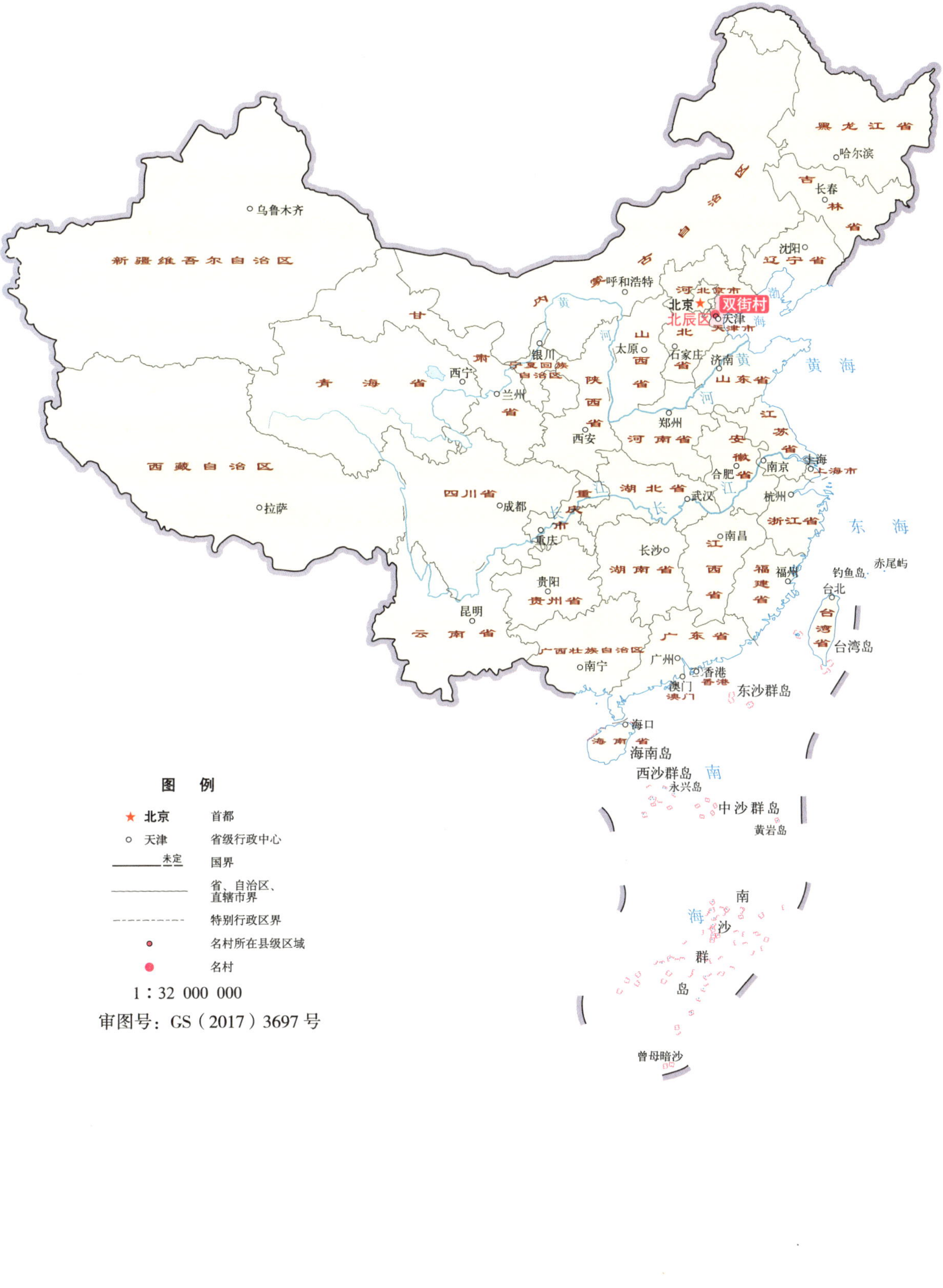

1：32 000 000

审图号：GS（2017）3697号

双街村在天津市的位置

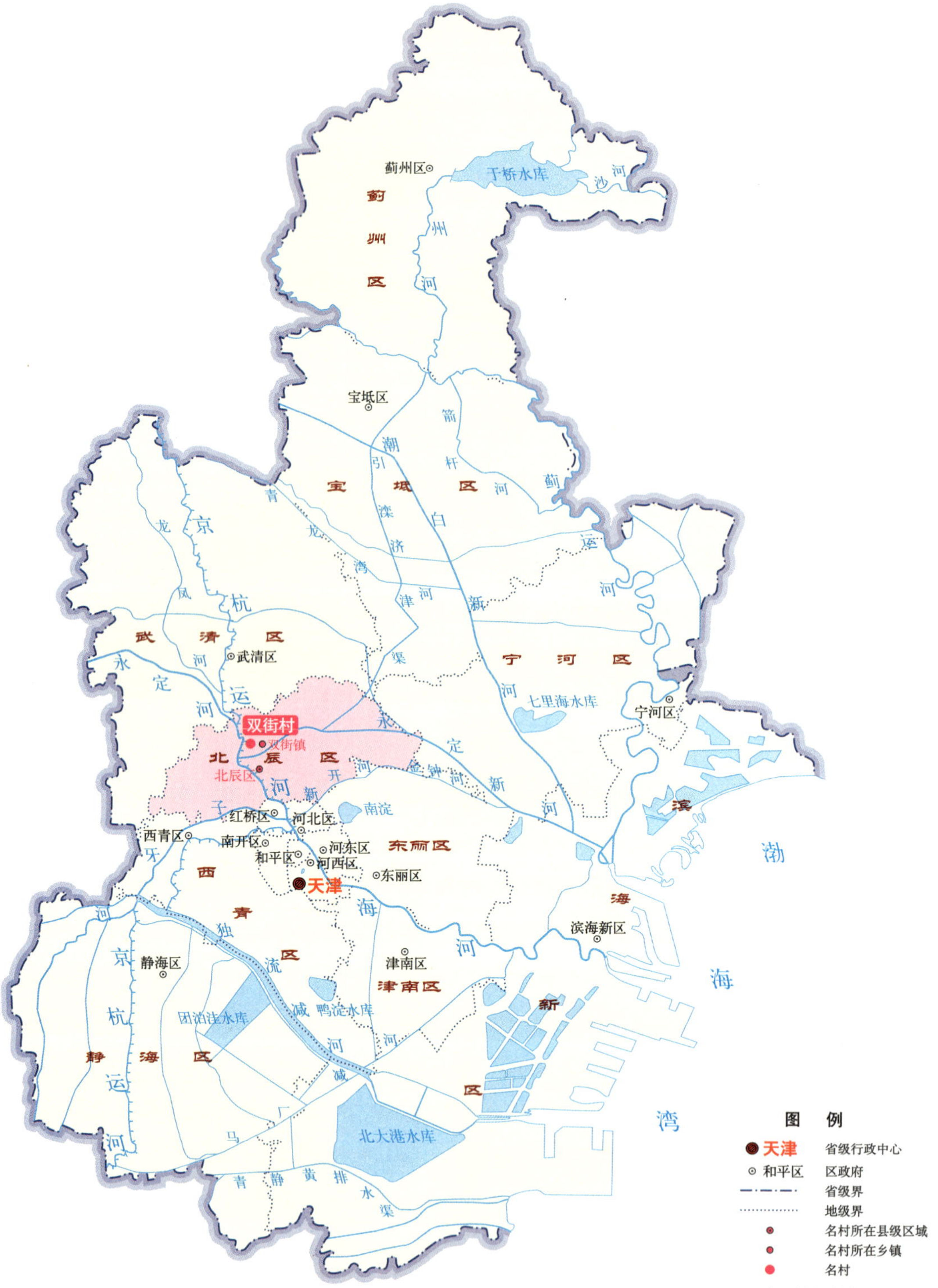

1：980 000

审图号：GS（2017）3697号

双街村平面示意图

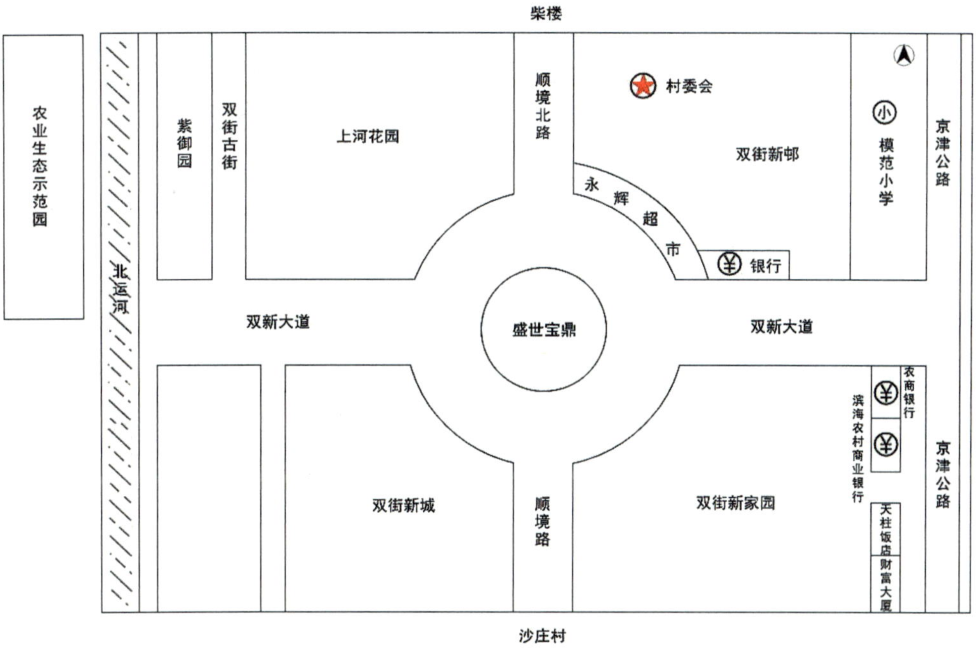
柴楼
农业生态示范园
北运河
紫御园
双街古街
上河花园
顺境北路
村委会
双街新邨
小
模范小学
京津公路
永辉超市
银行
双新大道
盛世宝鼎
双新大道
农商银行
滨海农村商业银行
京津公路
双街新城
顺境路
双街新家园
天柱饭店
财富大厦
沙庄村

双街村航拍鸟瞰图

永辉超市
永辉超市

双街全景图

双街风景图

永辉超市

◉ 目录

魅力双街

天津市双街村位于北辰区北部，地处京津走廊、北运河畔，为双街镇政府所在地，是国家级星火技术密集区和天津市小城镇建设八大组团之一。村东临京津快速路，南毗沙庄村，西傍北运河，北接柴楼村，与国家级天津北辰经济技术开发区仅一路之隔，是北辰区北部的政治、经济、文化中心。双街村曾作为天津市卫星城镇建设试点和北辰区首批20个社会主义新农村示范单位之一，先后荣获“国家级星火技术密集区”“全国创建文明村镇先进村”“天津市文明村标兵”“全国民主法治示范村”等称号。

2016年，双街村委会下设村民小组10个、居委会5个，有居民住宅小区5个、建筑面积100万平方米，总人口2.2万人，其中常住人口1.2万人、流动人口近1万人；双街村村民627户、1651人。工业园区面积66.67公顷、农业科技园面积333.3公顷。村级集体经济组织为双街置业集团有限公司，下设8个子公司。2016年，村级集体积累突破30亿元。

双街村地处京津走廊，北运河畔，勤劳质朴的双街人经过多年的拼搏，取得了骄人的业绩。

◉ 漕运盛地　京津要道

双街村历史悠久，位置非凡。村域古为退海地，地表为古河道冲积而成，地势平坦，土质肥沃。早在6000年前的新石器时代已有先人在此生息劳作。战国时期有聚落。宋辽时期为争战之地，宋辽隔潞河（今北运河）对峙。村庄周边水草丰盛，曾为辽军养马地，后为长期屯兵据点。元至元十六年（1279）开通潞水漕河，京杭大运河实现真正意义的全线贯通，双街村境地成为江南粮物赋税运京的必经之路。元代，朝廷在南北运河交汇的三岔河口至杨村间置“直沽广通仓”，双街村附近有皇仓、义仓多处，成为囤储、转输皇粮的重地。北运河两侧堤岸辟为驿道，沿途渐有村落。明永乐初（1404），朝廷大批徙民，充实畿辅，有山西管、鲍（亦说吴、刘）两姓结管鲍之谊，持龙票在此圈地建村，拓荒耕耘，村民渐增。村落呈正方形，自然形成东西向和南北向两条街式格局，故名“双街子”，后简称双街。元、明、清代600多年间，半天下之财赋皆经此路运往京城，每年有上万艘漕船往返于运河之上，樯帆云集，水盛船繁。双街与沙庄子、柴楼村屋舍接壤，村稠路达。沿河堤岸曾为古驿道，十里桃花，景致怡人。康熙、乾隆御驾临经，

双街村新貌（2016 年）　　　　双街村　提供

文人墨客流连忘返，自古即为津门胜地。

双街村地处京津咽喉要道，交通四通八达。清光绪二十三年（1897），修通的京津间铁路过境。1917 年，在双街村东修建京津大道，新中国成立后逐步拓宽，修成京津公路。2000 年后，双街建设跨越发展，修建村级干道 10 条，全部为柏油路面，纵横交错，宽阔畅达。2016 年，京津、京福、津榆、津围等 12 条国家级干道形成网络，联通各地。天津地铁四号、五号线在域内设站。公共交通 607 路、610 路、611 路、725 路、810 路、961 路等多条线路在双街设站，通达市中心。

◉ 城郊经济　服务城市

双街村在历史上为农业生产区域，村民多以垦荒种植、打鱼捉虾和服务漕运为生。土地为永定河与北运河挟带泥沙淤积而成，土质肥沃，种植品种以大田作物玉米、高粱、小麦为主，山芋、豆类、棉花等亦种植。沿河辟有园田，种植蔬菜。清末修通京津间铁路，为保护铁路堆埝阻沟，造成排水不畅，土地大面积盐碱荒芜，“冬天一片白花花，秋天一片水汪汪”。由于灾害频繁，战乱纷纷，生产落后，村民极为穷困。

流经双街村的美丽北运河（2013 年） 区志办 提供

新中国成立后，双街村在党和政府的领导下，艰苦创业，发展经济。由于基础薄弱，经济发展缓慢。1962 年恢复北郊区建制时，全村耕地 133 公顷，粮食总产 51.9 吨，平均亩产 26 千克；蔬菜种植 10.67 公顷，总产量 1165.6 吨；全村总收入不足 10 万元，农民人均纯收入 50 元。在计划经济体制下，郊区经济发展粮、菜为纲，种植品种、面积、产量均由政府下达。二十世纪六七十年代，通过大搞农田基本建设，兴修水利，开辟园田，发展蔬菜种植，服务城市，双街村成为天津市蔬菜供给的重要基地之一。每年粮食总产保持在三四百吨、蔬菜 2000 余吨。双街村所产大白菜闻名天津全市，品种为大、小“核桃纹”，尤以“小核桃纹”最佳，特点是清甜、无筋、易熟。

改革开放前，村中工业始终限制发展。中共十一届三中全会后，按照“服务城市，富裕农民”的方针，双街村发展城郊型经济，“贸工农”是其主要特点。农业以生产“鲜、活、快”产品为方向，建设菜、蛋、肉副食品基地。1980 年，双街村建机械化养猪场，生猪饲养量达 900 多头；1987 年建万只养鸡场；80 年代末，建淡水鱼养殖场。根据当时养殖业发展较快、饲（饵）料加工业相对滞后的情况，双街村投资创建万吨饲料加工厂，所生产的“津宝”牌饲料很快占领天津市场。先是做到饲料自给自足，后又扩大外销，之后又开发生产鱼饲料产品。1990 年，双街村养鸡 2 万只，出栏万头良种仔猪，养鱼达到 400 亩精养水面，同时发展优质高产果园 200 亩。90 年代，蔬菜生产年总产量达到 3000 余吨，上市量、销售收入多年居双街乡第一位，获得“天津市蔬菜生产

双街村养鸡场（2000 年）　　双街镇　提供

和支农先进单位”称号。

1995 年，双街村成立天津双街生态农业养殖公司，总资产 5000 万元，成为双街村农业龙头企业。公司坚持以科学技术为先导，探索开发生态型、立体化良性循环大农业生产模式。公司生产技术、经济效益均达到全市乃至全国同行业领先水平。1996 年，养殖公司被国家科委命名为“国家级星火示范基地”。万头仔猪繁育基地被立为市级星火计划项目。至 1999 年年底，养殖公司销售收入 3489 万元，实现利润 200 余万元。

村办工业一度蓬勃发展，成为全村的经济支柱。工业总产值 1980 年为 756 万元，1990 年为 1043 万元，1998 年达到 1.33 亿元，进入亿元村行列。双街村逐步成为全镇、全区的先进典型，1993 年被评为市级明星小康村。

◉ 卫星城镇　强村富民

随着改革开放的逐步深入，双街村迎来阔步发展的历史机遇。1997 年，进一步调整经济发展思路，坚定“强村富民”理念，坚持走发展集体经济道路，向农业科技化、工业园区化、经济规模化、居住城镇化的方向发展，确定用 10 年时间，建成以工业为主体、以农业为基础、以房地产及商贸服务业等综合发展为特征的亦工亦农开发型农村，全面完成都市家园建设的宏伟目标。

提升农业档次，实现农业科技化。双街村从改变单一种植结构入手，加大农业龙头企业建设，发展生态农业，促进养殖业发展。2000 年，双丰科技饲料有限公司、万头仔猪繁育基地、万亩淡水养殖基地等项目达到国内先进水平，获市级科技成果奖，被列为“国家级星火示范企业”“天津市农业现代化示范企业”“天津市畜牧局科技示范基地”。2004 年，投资 2000 万元，建设蛋鸡养殖基地，建筑面积 2.7 万平方米，蛋鸡饲养量达到 20 万只，年产鲜蛋 2800 吨，育肥出售淘汰鸡 18 万只。2006 年，与日商合资，成立太阳食品有限公司，年产千吨蛋黄粉，消耗鲜蛋万吨，带动了 500 只鸡规模的养殖户 2000 户。同时，进行蛋壳粉、球蛋白及其他生物制药的研制开发，形成养殖、加工、生产、科研、销售一条龙的产业链。2009 年，双街村结合北辰都市型现代农业示范区创建，启动千亩草莓园、千亩百果园、千亩休闲园和运河文化景观带建设工程，建成集引种试验、生产示范、产教结合、技术培训、产业研发、商业贸易、旅游采摘为一体的新品种、新技术、新成果应用的现代农业科技示范园。

开拓招商领域，实现工业园区化。随着人口的不断增多，可开发的土地资源逐年减少。如何利用有限的土地发挥更大的效益，成为双街村面临的重要问题。1998 年，北辰科技园区为双街村拨付征用土地补偿金 2400 多万元。村领导抓住机遇，统一思想，用这笔款项“筑巢引凤”，出租招商。经积极筹集资金，共投资 4500 万元，在科技园区内购地 8 公顷建厂房，建成双盈工业园。双盈工业园建筑面积 3.6 万平方米，实现“九通一平”（通雨水、污水、电信、热力、电力、自来水、天然气、有线电视、道路，土地平整），能满足各类企业入住要求，先后引进法国、意大利、韩国等 8 家企业，年租金

太阳食品（天津）有限公司（2016 年）　　区志办　提供

达 600 万元。至 2005 年，共兴建三个工业园区，总占地面积 66.67 公顷，先后引进 50 余家中外著名企业进驻，吸收外资 1000 多万美元、内资 1500 多万元，成为双街村的支柱产业。工业园区年销售收入 13 亿元，利税 1.3 亿元，每年为村集体增加收入 3000 余万元，园区为双街村的更大发展奠定了基础。双街村民就业率达到 100%，同时安置周边农村剩余劳动力 2000 余人。

成立集团公司，集体经济规模化。随着市场经济的发展，各自为战已不适应形势发展。为集中优势，形成规模，增强市场竞争力，双街村确立了走“工业化道路、城镇化道路、产业化道路”的发展目标，明确了“多元化、高端化、高质化、高新化”的发展方向。2003 年，双街村打破地域、所有制和产业界限，成立双街置业集团有限公司。后拥有天津双街农业科技开发有限公司、天津双街种养殖农业合作社、天津双街科技企业孵化器有限公司、中汇科技创业园、天津双街无缝钢管有限公司、天津双盈房地产开发有限公司、天津市双盈物业管理有限公司、天津双街盛兴经济建设开发有限公司、天津融耀置业发展有限公司、天津国耀置业发展有限公司等多家子公司。双街置业集团有限公司秉承“开拓创新、求实进取、和谐发展、惠泽于民”的理念，以“解决百姓关心关注问题、谋求民生民本福祉”为企业宗旨，致力于“实现经济腾飞和人民生活幸福指数的提高”，经营范围向园区运营、农业科技、房地产开发等多个领域逐步扩大。2004 年，

双街置业集团（2016 年）　　区志办　提供

集团参加竞拍收购位于天津市河北区律纬路上建筑面积近3万平方米的船舶大厦烂尾楼，投资1亿元将其打造成集商务、办公、商住、经济型酒店为一体的多功能现代建筑——中汇大厦，已成为河北区中山路一道靓丽的风景线。同时收购了精密钢管厂、欧格自行车公司、中国船舶华北公司等企业，实行全面开发。

2008年，双街置业集团有限公司制定“2522”发展规划，即：建成两个工业园区：双街工业区一区、双街工业区二区拓展区；五个社区：双街新家园、双街新城、双街新邨、城际美景、国耀·上河城；两个创业园：河北区中汇科技创业园、双街民营中小企业创业园；两条商贸街：京津公路汽车商贸街、双街新城商业街。是年，该集团销售收入16亿元，集体积累达7亿元，实现利税1.6亿元，农民人均纯收入22000元。

经过近二十年的建设发展，双街村彻底摘掉了穷困落后的帽子。一个由过去连电费都交不起的穷困村庄一跃成为全区、全市乃至全国的先进典型。双街置业集团有限公司也获得市级“文明单位”“学习型先进集体”“五一劳动奖状”“天津幸福城市企业贡献奖”，以及“全国壮大县域经济突出贡献企业”等荣誉称号。

建设卫星城镇，农民住宅城镇化。2000年年初，天津市政府着手推进农村城镇化建设，将双街镇定位为卫星城镇。双街村再次开拓新的领域，凭借超前的经营理念和雄厚的集体积累进军房地产业，首先实施“双街新家园”温泉小区建设。规划建设中，本着品位高、环境优、价位低、功能全的目标，配设双水双气（引滦自来水、温泉地热水、暖气、天然气），引入宽带网，采用地热采暖。配套建设了占地5000多平方米的中心花园广场和500个摊位的农贸交易市场，创造了集居住、休闲、文化、娱乐、健身、购物、经营为一体的现代化住宅小区。

2003年，双街镇被列为天津城市总体规划八大城镇组团之一。双街村抓住有利契机，借助国家的优惠政策，在全区率先进行旧村改造，规划建设了双街新城、双街新邨、城际美景、国耀·上河城等现代化居住社区。至2014年，共建成5个居民小区，总建筑面积100万平方米，配套建设了中心花园，以及具有仿古亲水园林特色的紫御园、千米商业古街，4500平方米的汽车城和银行、邮局、饭店、超市、学校、幼儿园、医院等商业、服务设施，有500多家商户和5家汽车4S店安家落户。村上下水道全部入户，有线电视户户接通；所有街道全部为宽阔平整的柏油路面，侧柏、路灯整齐美观。村民告别世代久居的平房陋屋，喜迁新居。双街村除解决了村民居住外，还以优越的地理位置、优美的社区环境、优质的服务质量，吸引市内及周边居民2万余人入住。

◉ 魅力乡村　都市家园

健全规章制度，营造民主双街。首先是加强村党组织建设，从抓班子入手，增强党组织的凝聚力和战斗力，创建坚强的领导核心。其次是重新修订村民自治章程，健全和完善各项规章制度，规范社区管理，落实“三级联创”，打造“民主双街”。充分发挥村民代表在“四个民主”方面的作用，做到村务公开及时、规范，群众的参与权、监督权、表达权、知情权得到有效的维护，通过营造民主氛围，树立民风正气。为促进和谐稳定，维护治安秩序，组织治安巡逻队昼夜执勤，营造安全宜居的环境。

提高村民福利，关注民计民生。20 世纪 90 年代末，从解决村民困难、维护村民利益入手，为老百姓办实事，提高凝聚力。在经济发展的基础上，双街村以惠民为本，提高村民的福利待遇，建立健全看病就医、教育奖励、就业安置、环境管理、婚丧事管理及老年人生活保障、孤残人生活保障、优抚、低保等项制度，打造“和谐双街”。成立就业保障中心，安置本村富余劳动力 500 多人，就业率达到 100%。村民全部参加农村新型合作医疗，医疗费用二次报销比例达 80% 以上；建立甲级卫生所，方便村民看病就医，村民小病方便治、大病看得起；提高群众防病和抵御大病的抗风险能力，防止因病致贫、因病返贫现象。建立养老、退休、新型助学奖励等 10 项福利制度，基本实现老有所养、少有所教、人人有工作的局面，广大村民共享改革发展的成果，双街村村民成为同时拥有股金、医保金、低保金、养老金的“镀金农民”，开始过上“平房变楼了，花钱不抠了，看病不愁了，好日子没头了”的美好生活。

完善配套设施，创造人居环境。从改善教育环境，创造教学条件入手，将提升人口素质作为创建文明社区的首要任务。2006 年投资 1000 万元，建成占地 5000 平方米，配备有微机室、钢琴室等设施的市级幼儿园；投资 3000 余万元，建成占地 3 公顷的市级模范小学，配套有高标准的教学楼、体育馆、科技馆、学生宿舍、餐厅，以及塑胶跑道等现代化的设施，可容纳 1800 名学生就读。

开展多彩活动，丰富文化生活。建设宽敞明亮、设施齐全的村文化活动中心、老年活动中心、健身文化广场等活动场所，开展一系列社区文化、体育活动。组建靓丽文艺健身团、戏曲班、秧歌队、八极拳武术协会、乒乓球俱乐部等文艺、体育队伍，坚持常年开展活动；组织广场舞、京剧演唱，创办“农家大舞台”，举办大型歌舞晚会，承办双街镇消夏纳凉晚会、北辰区计划生育专题晚会、天津全市“四下乡”启动仪式等活动，丰富村民文化生活。举办舞狮花会、“双街置业杯”全国武术大赛等大型活动。2008 年正月十五，成功举办迎奥运——全国龙狮大联动启动仪式，被评为全国最佳活动组织奖、民族传统特别奖。双街鲍氏八极拳驰骋国际国内武坛，参加第三届国际武术比赛获金牌 54 枚，于 2009 年 6 月被列入北辰区非物质文化遗产。

双街村充分发挥村集体的智慧和力量，认真践行科学发展观，实现共同富裕，龙头带动、科技引领、示范推广，拉动周边贫困村发展，走出了一条率先发展、和谐发展之路。至 2016 年，双街村先后获得各种市（局）级及以上奖项 106 项次，其中全国奖项 26 项次。

今日双街村，综合实力雄厚，基础设施完备，楼宇壮观，环境怡人，老人有所养，幼童有所教，村民富庶，文明兴旺，各项事业成绩卓著，真正成为具有时代特色的社会主义都市新村。双街村先后荣获“全国精神文明创建先进村”“全国民主法治示范村”“国家级社区商业示范区”和“天津市红旗党组织标兵”“天津市文明村标兵”等称号。

前进只有起点，没有终点。双街人并没有满足已取得的成绩，而是在前进道路上脚踏实地，不断迈进。在国家“十二五”规划的指引下，双街村提出“高端定位，打造精品农业；高点运行，培育龙头经济；高质服务，营造优美环境；高优惠民，谋求民生福祉；高效管理，构建过硬队伍”的发展目标。2012—2015 年，销售收入逐年增长 20%，利税逐年增长 18%，农民人均纯收入逐年增长 15%。2016 年，双街村已建成“工业园区轴心带动，农业科技示范引领，优质服务业竞相发展”的新格局。

双街览要

双街村位于天津市北辰区双街镇中部偏南、北运河畔，地处通往京都交通要道的黄金地段，俗称天津市的北大门，是双街镇政府所在地。村域面积 3.6 平方千米。毗邻北辰经济开发区，拥有“九通一平”的双街工业园，吸引 40 多家外资、内资企业落户。2000—2008 年，相继开发建设现代化住宅区。属暖温带半湿润的大陆性季风气候，有河流和地下水及地热资源。

双街村独特的地理位置，推动了城镇化建设发展，也极大地促进了政治、经济、文化蓬勃发展。

◉ 建置沿革

村名由来 明初，朝廷徙民，江浙、晋冀豫等地大批移民落户北运河沿岸。永乐二年（1404），有山西管、鲍（一说吴、刘）两姓随燕王扫北在此居住，结“管鲍之谊”，持龙票在北运河马蹄湾子一带圈地拓荒，在此搭铺捕鱼，始称双家铺。后建成东西向和南北向两条街，人称双街子，后名双街。

辖区变迁 双街村以其重要地理位置，长期为乡镇级政府所在地。其境地，禹属冀州，西周属幽州，春秋战国为燕地，秦属渔阳郡，汉属泉州，三国至隋属雍奴县境域。唐天宝元年（742），属武清县。清雍正九年（1731）后，主要属天津县。乾隆元年（1736），隶属天津县杨柳青驿巡检辖。光绪二十六年（1900）八国联军侵占，境地曾被划入天津都统衙门北区。光绪三十一年（1905），隶属天津县北乡第十八区。

1913年后，双街属天津县北乡。1940年属伪天津县第二区双街乡。1945年10月，属天津县四区。1946年，改属津武县。

1948年12月，双街村解放，隶属天津县第八区，1950年，改属天津县第四区。

2011 年，双街村一景　　区志办　提供

1953 年 5 月 15 日，撤销天津县建制，建津北郊区，分设为 8 个乡。双街村隶属双街乡，为乡政府所在地。1956 年，属幸福第三农业合作社张湾乡。1958 年 10 月 10 日，撤销津北郊区建制，双街隶属红桥区幸福人民公社张湾大队。1959 年 3 月 2 日，幸福公社改称北仓公社，张湾大队改为管理区，双街村隶属未变。1960 年 6 月 13 日，双街并入国营津北畜牧场（对外保留公社名称，属北仓人民公社津北分社），1960 年 6 月 27 日，改属为津北畜牧场双街分场；1961 年 2 月，双街大队随双街分场从津北畜牧场划出，称农场；1961 年 5 月，国营农场停办，双街属双街人民公社。1962 年 2 月 1 日，恢复北郊区建制，双街大队仍隶属双街公社。1967 年，双街人民公社更名为双红人民公社，双街大队更名为永红大队；1968 年，成立双街公社革命委员会，1968 年 3 月 16 日，成立双街大队革命领导小组，7 月 17 日，成立双街大队革命委员会；1980 年 8 月 10 日，取消革委会，改称管委会，双街大队隶属公社管委会。1983 年 7 月，公社、大队改为乡、村体制，双街大队恢复为村。1995 年 9 月，撤乡建镇，双街村隶属双街镇迄今，仍为镇政府所在地。

◉ 区位

自然地理区位 双街村，地处天津市北辰区北部，东临京津快速路，西傍北运河，南接沙庄村，北连柴楼村，与国家级的北辰经济技术开发区隔京津快速路相望。地理坐标为北纬 39°25′～39° 26′，东经 117° 09′～117° 10′。

交通地理区位 双街村为镇政府所在地，是上京下卫的北大门，也是天津市中心城区北部的卫星城镇，北辰区北部的政治、经济、文化中心；是连接京津，沟通天津与山西、内蒙古、河北、东北等地的重要通道，具有现代化的交通网络通达各地。京津公路（103 国道）贯穿境域南北；京津高速（二线）由村前起始，是通往北京和山西、内蒙古、河北北部的重要通道。双街村距区政府驻地 6.3 千米，距市政府 30.2 千米；距天津外环线引河桥 4.7 千米，距中环线勤俭桥 13.1 千米；距京津塘高速公路杨村出入口 19.1 千米，距宜兴埠出入口 22.4 千米；距津保高速公路北辰亨顺广场出入口 7.9 千米，距津蓟高速公路 G205 路入口 25.3 千米，距滨保高速双街入口 13.3 千米；距京山铁路北仓站 9 千米、汉沟站 7 千米、天津站 21.8 千米，南距中环线 9 千米，距天津机场 34.1 千米，距天津新港 68.4 千米，距首都北京 103.8 千米。

京津快速路（2013 年） 区志办 提供

经济地理区位 双街古为漕运转输、漕粮囤储要地。元至元十六年（1279）开通潞水（今北运河）通漕，成为江南粮物赋税运京的必经之路。村北侧、西侧与北运河对岸的上、下蒲口间有古渡，北运河两侧堤岸为古驿道。由于地处北运河之马蹄湾左岸，河道回环，水流涡旋，双街自古便是漕船转运、纤夫歇憩之处。元、明、清时期，北运河畔双街一带有露囤多处，供皇粮囤储、转输。作为漕运进京咽喉和京津间要塞，以及御驾临经之地，双街村是护卫皇仓的重地和津北防御的前哨，也是武装或屯兵驻所及军事争夺之要地。

新中国成立后，天津市总体规划在双街京津公路以东建设“引河北工业区”，双街一带成为天津市国有工业开发腹地的中心地段。双街村靠保留下的部分耕地从事粮油、蔬菜等农产品种植，以服务城市和解决村民生活。

改革开放后，双街依托工业区之优势，为城市工业从事配套加工服务，成为当时北郊区村镇工业发展先行村之一。1992 年，北辰区在双街建立经济开发区，为双街村快速发展带来契机。21 世纪初，双街村调整产业结构，借助自然环境变化和城市化建设发展优势，因地制宜，形成具有现代化城郊经济功能的区域。其布局以北运河、京津快速路为分界线，形成东工、西农、中楼宇的经济布局：东部自京津快速路至京山铁路，为工业园区，有双街村 3 个工业园，坐落于北辰高科技产业园区内，占地 66.67 公顷；西部自北运河右堤至蒲口村接壤处，为农业科技示范园区，占地 333.33 公顷；中部为北运河左岸至京津快速路，为楼宇经济商住区，设有 4 个商住社区，占地 566.67 公顷，建设成为现代化的都市新城。

◉ 自然环境

双街村域为第四纪全新世形成的冲积平原，地势低平。土壤主要分为碱性、中性、酸性 3 大类 5 个级别，经世代开垦耕耘，荒地渐成良田。域内河流、沟渠众多，地下水资源较丰富。域内属暖温带半湿润大陆性季风气候，四季分明，冬、夏季长，春、秋季短，年平均气温 12.2℃。

地质地貌

双街村地势平坦，西北略高，东南稍低，海拔（黄海高程）一般在 5 米左右。

地层 据地质钻探资料记载，全新世初，域内尚为海水控制，后因北运河冲积影响，

渐成湖淀和沼泽环境。此后，湖淀沼泽渐次淤平，奠定今日平原基础。第四纪沉积物主要来源于燕山、太行山、军都山。沉积类型有冲积、洪积、湖积和海积等。由于历史上河流变迁及海陆变迁造成沉积物在水平方向上的复杂变化，垂直方向形成多层韵律结构。第四纪层沉积厚度为 550 ~ 650 米，总的趋势是运河以西较薄，运河以东较厚。第四纪沉积物色序与沉积旋律都表明地层为河流、湖泊、海相沉积物，具有明显的规律。

域内地层为第四纪近期松散沉积物所覆盖，土层深厚，以亚砂土、亚黏土为主，一般西部较粗，向东变细。钻孔剖面 150 米深度以内，主要为亚黏土、黏土及细砂等组成。

陆地形成　域内陆地是在漫长的地质历史时期，经过多次海陆变迁逐渐形成的。距今约 15 万年时渤海形成，域内发生多次海侵与海退，末次大海侵发生在距今 8000 年。距今 5500 年，世界气候变冷，渤海西岸天津地区自西向东逐渐海退成陆。此后逐渐形成冲积平原地貌，距今 3300 年，境地全部成陆。在距今 2000 多年的西汉时期，又遭海侵多年，其后复成陆，被先人陆续开发。

地貌　域内地势自西北向东南微微倾斜，海拔高度 5 米左右。地表径流及地下水的总流向和地势一致。第四纪地质时期，域内曾历经多次海侵海退，现代的双街地貌形态是全新世以来海退成陆过程中的产物。域内处于中国地壳强烈下沉地区，为永定河、北运河下游冲积平原。西部以黏土为主，东部土壤表层偏沙或有盐渍化，为典型的平原地貌形态。

气候特征

双街村介于大陆和海洋性气候过渡带，属暖温带半湿润大陆性季风气候，其特点是四季分明，冬、夏季长，春、秋季短，降雨集中。春季干旱，多西南风；夏季闷热多雨；秋季天高气爽；冬季寒冷干燥，少雪、多西北风。

春季　3—5 月，天气转暖快，冷热变化大，日均气温由 0℃上升到春末的 20℃；温度不稳定，乍暖还寒；大风日多，风沙多，风速大；多年平均降水量为 62.3 毫米，占全年降水量的 10.6%；降水量少的年份不足 20 毫米，形成春旱。

夏季　6—8 月，潮湿多雨，多年平均降水量 429.0 毫米，占全年降水量的 73.8%，且多暴雨，往往造成沥涝；有的年份降水量偏小，出现夏旱。整个夏季平均气温在 24℃以上，高温闷热。

秋季　9—11 月，天气稳定，大风日数少，气温降到 20℃ 以下，晴空万里，冷暖适中。多年平均降水量 77.7 毫米，占全年降水量的 13%。10 月下旬出现初霜冻。

冬季　12 月至翌年 2 月，寒潮盛行、干燥少雪。一般由 11 月起，西北风开始占优势，翌年 1 月达到鼎盛。平均气温在 0℃ 以下，1 月最冷，均温 −4.4℃，低于 −10℃ 的气温可连续数日，历年极端最低气温低至 −22.7℃。每隔 3 ～ 5 天就有一次不同程度的冷空气入侵，并伴随西北大风或降雪。多年平均降水量 12.6 毫米，占全年降水量的 2.6%；连续无降水日数可持续 1 个月（1965 年，域内连续 99 天未下雪）。阴天日数平均每月 5 天。11 月中旬土地冻结，冰冻期 4 个月。

风　域内冬季受西伯利亚和蒙古冷高压影响，多偏北风。夏季受西太平洋副热带高压影响，盛行西南风。春、秋两季风向多变。1958—2012 年，年平均风速 2.5 米 / 秒，最大风速 20.7 米 / 秒，出现在 1994 年 2 月 8 日。2013 年，平均风速为 1.8 米 / 秒，最大风速达 11.1 米 / 秒，出现在 3 月 9 日。2014 年，平均风速为 1.8 米 / 秒，最大风速达 11.5 米 / 秒，出现在 5 月 27 日。

气温　1958—2012 年，域内年均气温 12.2℃。1983 年最暖，平均气温为 13.1℃；1969 年最冷，平均气温为 10.5℃。

域内日极端最高气温达 40.5℃，出现在 2000 年 7 月 1 日；日极端最低气温为 −22.7℃，出现在 1966 年 2 月 22 日。月平均最低气温多数年份在 1 月份，月平均最高气温多数年份在 7 月。

2010 年 1 月 2—3 日，域内下起小雨，转大到暴雪，地面积雪 20 厘米。气温降至最低 −18℃、最高 −9℃，大风 5 ～ 6 级，属近 40 多年来最冷天气。

2013 年，域内平均气温 12.4℃；最高气温 37.3℃，出现在 7 月 4 日；最低气温 −15.3℃，出现在 1 月 6 日。

2014 年，域内平均气温 13.7℃；最高气温 39.6℃，出现在 5 月 29 日；最低气温 −13.0℃，出现在 2 月 10 日。

1980—2014 年部分年份双街村 1—12 月年平均气温情况表

表 1　　　　　　　　　　　　　　　　　　　　单位：℃

月份 / 温度 / 年份	1	2	3	4	5	6	7	8	9	10	11	12	年均
1980	−4.2	−2.4	4.6	11.2	20.2	25.1	26.7	24.4	19.3	12.7	7.3	−3.5	11.8
1985	−4.8	−1.7	3.6	14.8	18.7	23.8	26.2	25.7	18.6	14.2	4.0	−3.4	11.6

续表 1

年份＼温度＼月份	1	2	3	4	5	6	7	8	9	10	11	12	年均
1990	−5.7	−1.4	7.2	13.0	19.1	24.3	26.0	25.6	20.4	15.0	5.6	−1.6	12.3
1995	−2.4	0.3	6.8	14.5	19.2	23.7	25.4	24.9	18.8	13.9	6.4	−1.4	12.5
2000	−7.0	−2.1	7.8	14.9	20.4	26.3	28.8	25.8	21.4	12.6	3.3	−0.9	12.6
2005	−3.5	−3.1	5.9	16.3	19.9	25.3	27.5	25.3	21.2	14.6	6.5	−3.3	12.7
2009	−4.3	−0.4	6.7	15.7	22.8	25.3	26.7	25.1	20.9	14.2	1.4	−3.3	12.6
2014	−3.5	−1.3	7.9	15.7	22.7	25.9	27.9	26.4	21.6	15.2	7.5	−1.6	13.7
平均	4.4	−1.5	6.3	14.5	20.4	25.0	26.9	25.4	20.3	14.1	5.3	−2.4	12.5

降水 域内春季（3—5 月）降水量少，多为小到中雨，难以满足作物生长需要，故有春季“十年九旱”之说。夏季（6—8 月）降水量多，且集中在 7 月中下旬至 8 月上旬。秋季（9—11 月）平均降水量偏少。冬季（12—2 月）平均降水量也少，仅个别年份较多；1973 年 1 月，降雪 21.3 毫米，1979 年 2 月，降雪 27.9 毫米。

域内年均降水量 558 毫米，各年变化较大。1977 年，降水量最多达 926.3 毫米；1968 年最少，仅有 214.8 毫米。雨量集中在 6 月下旬至 8 月，占全年降水量的 70% ~ 80%。2013 年降水量少，仅为 440 毫米。2014 年，降水量更少，仅有 384.7 毫米。

1980—2014 年部分年份双街村降水量情况表

表 2　　单位：毫米

年份	年降水量	大雨出现次数	暴雨出现次数	一日最大降水量	年份	年降水量	大雨出现次数	暴雨出现次数	一日最大降水量
1980	419.7	5	1	79.3	2000	419.8	5	1	55.7
1985	607.2	6	1	51.5	2005	536.5	8	1	85.3
1990	576.8	4	2	57.0	2009	664.3	9	3	86.1
1995	718.2	9	5	77.9	2014	384.7	3	1	44.6

日照 双街属北方长日照地区。90 年代以后，受大气环境污染影响，日照天数、小时数有所减少。1958—2012 年，年均日照 2614 小时，日照百分率为 59%。2013 年，雾霾天气仍较多，日照时数为 2280 小时。2014 年，日照时数为 2216.4 小时。

无霜期 双街无霜期多年平均为 216 天，最长 259 天（1968 年），最短 186 天（1959

年）。初霜平均日期为10月27日，终霜平均日期3月24日。2013年，无霜期为195天。2014年，无霜期为214天。

水文 双街历史上为雍奴地界，即“四面有水曰雍，澄而不流曰奴”。村东多坑塘洼淀，水草丰盛，水资源丰富。新中国成立初期，在地面挖井用扁担挂水桶即可取水。1964年，北运河以西潜水埋深一般在2.5～3米；运河以东一般埋深在1.1～1.2米，最高时为0.98米，最低为1.3米。地下水矿化度最高为7.22克/升；最低为3.41克/升。水质类型为Cl—SO_4—K，Na，水中含有氯化物、硫酸盐较多。

至20世纪80年代以前，双街地下水位尚高。深承压水：地面以下20～30米部位就有承压水出现，至170米范围内，含水层4～5层，单层厚度不一，为3～15米。含水层上部埋深95米，以上水不能使用；下部埋深为95～170米，为淡质的弱矿化承压水，含水层的单层厚度7～15米，可利用。深井涌水量：一般为10～50吨/小时。理化性质：深承压水无色、无味、透明、低温，水温在14.8℃～17℃，离子总量和矿化度为1400～2000毫克/升，总硬度、总矸度不大于10毫克当量/升，生物原生质均小于0.1毫克/升，硝酸及亚硝酸0～0.1毫克/升。

地上河流有北运河贯穿双街境地，北运河古称潞河、白河、沽水，是海河支流之一。上游源于北京市军都山八达岭南麓，经昌平、通县、香河、武清至北辰区屈家店村北，与永定河汇流，再至金钢桥汇入海河。主河道全长148千米，流域面积5300平方千米。该河由小街村进入村内。不但具有通航功能，而且是沿岸村民灌溉农田和生活饮水的保障。汛期北运河水常常高出双街地平面，河水靠堤岸拦截，沿河园田主要靠北运河水灌溉。

新中国成立后，河水使用由国家统一管理。20世纪60年代根治海河工程完成后，上游多建水库，河流水源渐少。20世纪90年代后，工业发展，人口增多，用水量突增，由天津市统一安排供水，生产、生活用水基本保证。

自然资源

地热 双街地热面积约2.67平方千米，可用于供热。根据《天津市北辰区北1区块地热资源开发利用可行性论证报告》，预测北1区块新近系馆陶组顶板埋深1250～1350米，水温53℃～57℃，出水量60～100立方米/时，水为Cl·HCO_3−Na型，可解决7.8万平方米住宅的供热需求。

土地资源 新中国成立初期，有耕地200多公顷。20世纪50—60年代，随着工业区建设和城市发展、道路建设占地，耕地面积逐渐减少。1962 年 2 月恢复北郊区建制时，双街村实有耕地 108.16 公顷。60 年代根据国家规定，为双街村逐步退回部分长期未使用土地 66.67 公顷。至 1979 年，有耕地 183.93 公顷。改革开放后，城市化建设速度加快，工业和城镇建设占地增加，耕地面积逐渐减少。1992 年后，国家加强对耕地的保护，双街村耕地面积始终保持在 30.87 公顷。北运河以西属放淤区河滩地，不计算为耕地面积。双街村通过协作调整等方式建设现代化高科技农业示范园，扩展土地达到 333.33 公顷。

野生动物 哺乳类有 8 种，即野兔、黄鼬（当地俗名黄鼠狼）、狗獾、刺猬、仓鼠属、东方田鼠、蝙蝠属，其中野兔分布较广。

鸟类有 34 种，即杜鹃属、黄鹂属、麻雀、喜鹊、画眉、啄木鸟属、普通翠鸟、家燕、柳莺属、黄雀、鹌鹑、普通朱雀（当地俗名朱雀）、白腰朱顶雀、秃鼻乌鸦（当地俗名乌鸦）、鸮形目（当地俗名猫头鹰）、鸽属、灰雁（当地俗名大雁）、野鸭属。

两栖爬行类有 5 类，即黑斑侧褶蛙（当地俗名青蛙，蟾蜍属）、蛇亚目、鳖。

昆虫类有 38 种，即蜜蜂、黄蜂、蝴蝶、螳螂、蝉、蟋蟀、油葫芦、蜻蜓、蜉蝣、蝗虫、蚊、蝇、金龟子、天牛、瓢虫、棉铃虫、蚜虫、枣尺蠖、梨尺蠖、梨小食心虫、苹果小食心虫、梨实蜂、玉米螟、二化螟、褐稻虱、棉叶蝉（当地俗名棉叶跳虫）、叩头虫、绿豆象、麦红吸浆虫、榆兰金花虫、蚂蚁、蜚蠊（当地俗名蟑螂）、蝼蛄、国槐尺蠖、美国白蛾、梨星毛虫、蜣螂。

鱼类有 33 种，中国江河平原区系复合体有鲢、草鱼、翘嘴红鲌、团头鲂（当地俗名武昌鱼）、白条鱼（当地俗名餐条鱼）等；海水区系复合体有花鲈（当地俗名鲈鱼）等。分类：鲤形目鲤科有青鱼、草鱼、鲫、麦穗鱼、棒花鱼、红鲤，鳅科有泥鳅；鲇形目鲇科有鲇。

浮游类有 28 种，其中轮虫 11 种、桡足类 7 种、枝角类 5 种、原生动物 4 种，另有无节幼体。以砂壳虫、累枝虫、多肢轮虫和微型裸腹蚤为优势种。

底栖类有 7 种，分属 3 个门、4 个纲、7 个属。节肢动物门昆虫纲有摇蚊幼虫，环节动物门寡毛纲有底栖寡毛类，软体动物门腹足纲有中华圆田螺，双壳纲蚬属、圆顶珠蚌、无齿蚌。

有土壤动物节肢动物门唇足纲的蜈蚣、蚰蜒，蛛形纲蜘蛛、蝎子，软甲纲鼠妇（当地俗名潮虫），线虫动物门线虫及环节动物门寡毛纲蚯蚓等。

野生植物 马唐（当地俗名马塘草）、水生水烛（当地俗名蒲草）、浮萍，产草木地多为堤坡、沟旁、田间隙地。常见的野生草本有芦草、马绊草、白茅（当地俗名茅草）、碱茅、羊草、灯芯草、小灯芯草、萹蓄、剪刀股、碱蓬、粉藜、灰绿藜、小藜、苦荬菜（当地俗称曲菜）、灯笼花、苍耳、蒿属、蒲公英、蛇床、夏至草、车前、地锦（当地俗名爬山虎）、草木樨、裂霱铁苋菜（当地俗名鸡眼草）、胡枝子、播娘蒿、独行菜、荠（当地俗名荠菜）、野西瓜苗、苘麻、刺儿菜、苋菜、打碗花等。

◉ 人口

人口总量 元代以前境地属雍奴边关征战之地，人烟稀少。明代朝廷徙民，有山西管、鲍、吴、刘等姓落户境地，方成村落。至清代数百年间，有百余户人家。据清道光二十六年（1846）《津门保甲图》第十三载："双街子之连村曰柴家楼，曰杨家堤，河流村下迂曲回环形，若马蹄，故俗名马蹄湾子。图内庙三、村三，南界下蒲口。"三个村时有"绅衿 2 户、铺户 7 户、烟户 170 户、负贩 7 户、船户 4 户、僧道 2 户，共 192 户，

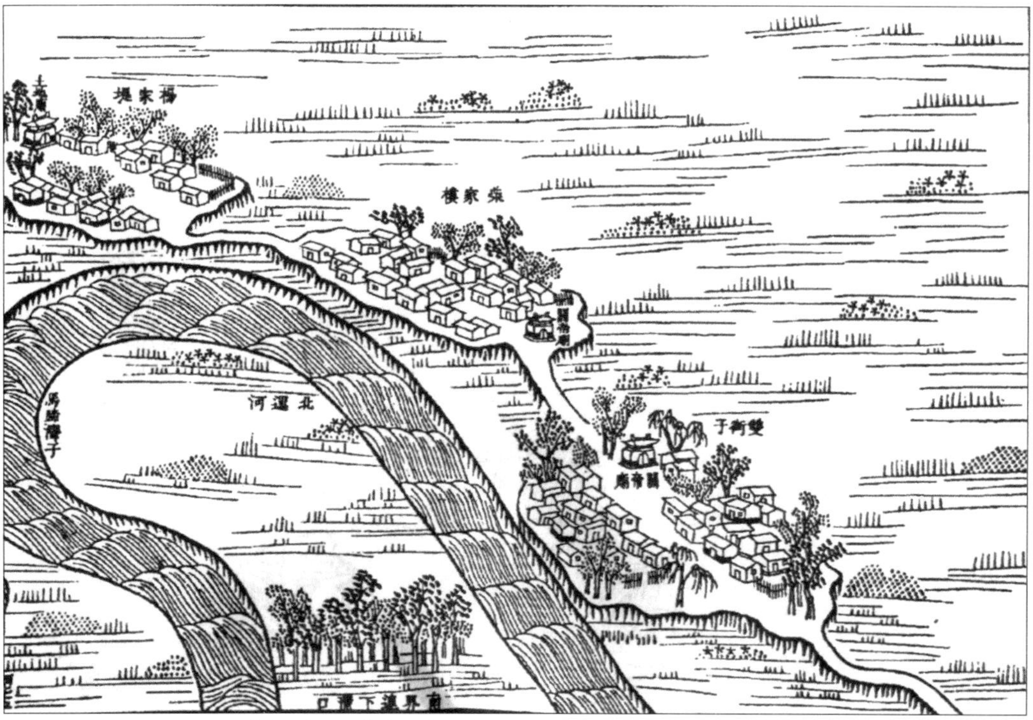

道光二十六年（1846）《津门保甲图》中双街村情况　　区志办　提供

大口 765 口，小口 121 口”。其中双街村落稍大，也不过百余户，三四百人。

民国年间，由于多年战乱，灾害频仍，一些村民流落他乡或到城里发展。1934 年，双街村有 142 户、746 人。

新中国成立初期，外出的村民返回乡里务农，村内增至 200 余户八九百人。1962 年恢复北郊区建制时，双街村有 244 户、1070 人。1970 年为 281 户、1454 人。1978 年增加到 386 户、1505 人。

20 世纪 80 年代初，开始宣传动员计划生育，人口出生率得到控制，人口增长速度降低。1979 年，全村总人口 1508 人。1989 年总人口 1660 人。90 年代人口逐渐减少。1999 年为 1380 人。

至 2016 年，双街村共有常住人口 1.2 万人，其中户籍人口 627 户、1651 人。

从业人口 20 世纪 70 年代以前，双街村劳动力主要从事农业生产。进入 80 年代，随着社会的发展、产业结构的调整，从事其他行业的劳动力不断增加。90 年代，双街村从业人员从事农业、工业、建筑业、运输业、商业、饮食业等。1999 年，双街村总户数 550 户，总人口 1620 人；劳动资源人数 605 人，其中劳动年龄内实际参加劳动 525 人、劳动年龄内上学 24 人、劳动年龄内待业和家务劳动者 56 人。

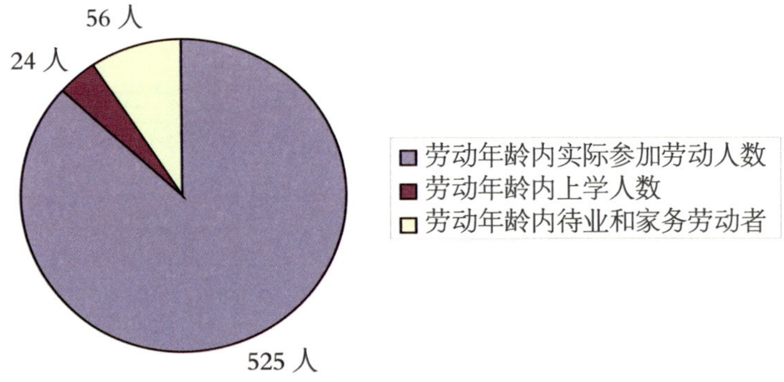

1999 年双街村乡村劳动力资源人数示意图

2000 年，双街村从业人员 550 人，其中男 280 人，女 270 人；按行业分，其中农业从业人员 49 人，工业从业人员 451 人，建筑业从业人员 4 人，交通运输仓储业从业人员 2 人，批零贸易及餐饮业从业人员 4 人，其他从业人员 15 人，外出从业人员 25 人。

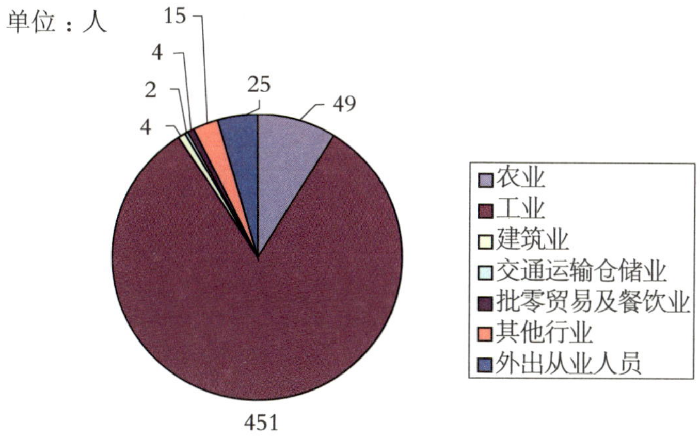

2000 年双街村行业从业人员示意图

进入 21 世纪，双街从事工业、建筑业、批发零售业人数逐渐增多。至 2016 年，双街村村民除部分在合资和外资企业就业，其他村民均在村内工业、农业、社区、物业等岗位就业，从业人员达 99%。

姓氏民族 据 2009 年 4 月调查，全村总人口 1660 人，有 94 个姓氏。至 2016 年，全村姓氏情况基本未变。百人以上姓氏有鲍、刘、王、管 4 个。按姓氏拥有人数多少排序：鲍姓 225 人，刘姓 199 人，王姓 122 人，管姓 111 人，李姓 97 人，项姓 96 人，朱姓 89 人，张姓 74 人，吴姓 62 人，韩姓 60 人，郑姓 47 人，徐姓 40 人，杨姓 39 人，周姓 25 人，赵姓 24 人，陈姓 22 人，柴姓 20 人，马姓 18 人，孙姓 18 人，董姓 16 人，庞姓 14 人，丁姓 13 人，殷姓 12 人，于姓 8 人。高、闫、曹姓各 10 人；沈、金、解姓各 9 人；冯、霍姓各 7 人；贾、郭、祁姓各 6 人；黄、边、石姓各 5 人；秦、武、崔、魏、白、苏、郎、宋姓各 4 人；吕、胡、付、师姓各 3 人；杜、耿、谭、兰、肖、史、岳、唐、任、毕、何、虞、田、安、薛、姜、毛姓各 2 人；邱、宁、蔡、褚、房、庄、康、芦、樊、尤、梁、侯、袁、戴、路、関、葛、程、乔、方、綦、邓、窦、苗、尚、严、臧姓各 1 人。

自明朝初建村以来，村内居住的人口中以汉族为主，后因婚嫁关系，入住少量的少数民族。据 2016 年统计，全村 1651 人中，有回族 4 人，满族 1 人，其他均为汉族。

2016 年双街村部分姓氏辈分情况表

表 3

姓　氏	第一代	第二代	第三代	第四代	第五代	第六代	第七代
鲍姓字辈	子	广	景	长	顺	春	单名
刘姓字辈	单名	天	树	春	家	单名	
管姓字辈	单名	士	树	玉	振		
项姓字辈	宝	子	立	志			
朱姓字辈	文	克	振	单名	金		
李姓字辈	广	凤	单名				
王姓字辈	维	凤	单名				
吴姓字辈	金	庆德	俊	恩	宝	学	继
郑姓字辈	单名	文	子	贵			
徐姓字辈	恩	士	全				

流动人口　进入 21 世纪后，双街村开发房地产业，人口随城市规模扩张而增加，农村城市化进程加快。双街作为天津市八大卫星城镇之一，借京津走廊地理优势和北辰经济开发区的建设条件，发展城镇建设，改变环境，以完善的设施、优惠的价格、优质的服务和良好信誉吸引大批城市居民和周边村庄农民及外来务工人员落户双街，人口迅速膨胀，成为天津北部的重要居民聚集区。

2016 年，双街村共有常住人口 1.2 万人，其中户籍人口 627 户、1651 人，流动人口 1 万余人。

◉ 发展概况

1949 年 12 月，双街村建立村党支部。2000 年，升格为双街村党总支部，下设 4 个党支部。2011 年 4 月 1 日，升格为双街村党委，有党员 185 人，下设 3 个党总支部，15 个党支部。多年来，双街村党组织带领全村党员、干部、群众，团结务实、扎实苦干，创造出骄人的业绩，多次受到各级党组织的褒奖，2011 年，被中共中央组织部评为“全国先进基层党组织”。

新中国成立后，村集体由互助组、初级社过渡到高级社。1958 年成立人民公社，村集体称为生产大队。1985 年，村集体改称村民委员会。村民委员会在群众生产、生活、环境、治安等多项工作中，取得显著成绩，得到村民的认可。2005年，双街村被司法部、民政部评为“全国民主法治示范村”；2013年，被农业部评为“中国最有魅力休闲乡村”；2015年，被中央文明委评为“全国文明村镇”，被农业部评为“中国最美休闲乡村”。

新中国成立前，双街村村民主要靠农业种植、做小生意或捕鱼为生。新中国成立初期，因自然灾害严重，经济基础薄弱，家庭副业多以割草、编筐、纺石棉为主。另外，村集体组织一些劳务出工及从事运输等，增加集体收入。1969年，双街大队成立综合加工厂。后将综合加工厂改为剪板厂，生产洗衣机剪板、模板和保温箱。是年，双街大队总产值24万元。其中工业产值33930元，占14.14%；副业收入77916元，占32.47%，其中劳务收入63416元，其余为运输业收入。1972年，村副业收入89092元，队办工业收入达到50万元。 1979年，中共十一届三中全会后，推行家庭联产承包责任制，城郊型经济发展步伐加快。开展多种经营，推广农业科学技术，以发展鲜、活、快农产品为主体，建成副食品生产基地。先后兴建了机械化养猪场、养鸡场，饲养生猪1200头，养鸡4万只，年交售鲜蛋25吨。至1988年，全村已发展村级企业6家，工业总产值638.8万元。全村经济总收入720.4万元，农民人均所得1002元。1998年，村成立双盈工业园区，建立村内第一个工业园区，引进外资1000多万美元、内资1500多万元，年销售收入突破4亿元，年租金收入达580万元，成为村级经济增长的巨大潜力。2004年始建第二工业园区，年租金2200多万元，村集体每年增加收入3000余万元。2005年4月建成第三工业园区。21世纪初，双街村开始开发楼宇经济，将位于河北区律纬路与中山路交口的船舶大厦烂尾楼重新改造，成为集商务、办公、起居、经济酒店为一体的现代建筑——中汇大厦，年租金达1000多万元。2012年，建成中关村（天津）可信产业园，由临街旺铺、商务别墅及商务写字楼构成，楼宇87栋。2015年，一批科技含量高、经济效益好、产业创新强、国内具有影响力的企业入驻园区。2016年，实现营业收入2000万元。至是年，双街村各业经济协调发展，周边金融网点、大型超市、服务网点、商业店铺林立，村民们的日常生活方便快捷；村集体收入达1.24亿元，农民人均所得5.5万元。

新中国成立前，村里文化设施很少，有私塾。新中国成立后，村集体逐步建起小学校、托儿所、幼儿园等文化设施，村民的文化生活条件有所改善。1987年，成立老年协会。1998年，投资40万元，新建1000余平方米的老年人活动中心，增设文化娱乐、图书预览等活动场所，室外有700平方米绿地，安装健身器材供老人娱乐健身。2006年，建成占地面积5000平方米的市级示范幼儿园和占地面积3公顷的市级模范小学。2005—2007年，实施文明村“五个一”建设工程，推进“农家书屋”建设。2008年，该书屋被列为天津市首批百个“农家书屋”之一。2013年，双街新邨农家书屋被新闻出版总署授予“全国示范农家书屋”荣誉称号。2009年，新建成的村民还迁房双街新邨，配有老年活动中心、村民健身活动场所。2010—2015年，建成了文化历史展览馆、运河文化紫御园、古戏台、仿明清古建筑一条街、天津石雕艺术博物馆等项文化设施，村民的文化生活得到了改善。

2005—2016年双街村获全国先进集体情况表

表4

获奖单位	荣誉称号	授予机关（部门）	授予年份
双街村	全国民主法治示范村	司法部、民政部	2005
双街村	全国创建文明村镇工作先进村镇	中央文明委	2005
双街村	全国敬老模范村居社区	全国老龄委	2006
双街村	全国“美德在农家”活动示范点	文化部、全国妇联	2007
双街村	全国计生协会工作先进单位	中国计划生育协会	2007
双街村	全国创建文明村镇工作先进镇村	中央文明办	2009
双新大道商业带	国家级社区商业示范区	商务部	2009
双街置业集团	全国壮大县域经济突出贡献企业	中国乡镇企业协会、农业部农村社会事业发展中心	2009
双街新家园	全国创建学习型家庭示范社区	全国妇联、民政局、文化部等	2010
双新社区商业中心	国家级社区商业示范区	商务部	2010
双街村	全国计划生育协会先进单位	中国计划生育协会	2010
双街村	全国妇联基层组织建设示范村	全国妇联	2010
双街村	全国先进基层党组织	中共中央组织部	2011
双街村	家庭教育工作示范村	全国妇联	2011
双街村	人口和计划生育基层群众自治示范村居	国家计生委、中国计生协	2011
双街村	全国家庭教育工作示范社区	全国妇联、教育部、中央文明办	2012
双街村种养殖农业合作社	全国休闲农业及乡村旅游四星级明星企业	农业部	2012
双街村	2012年计划生育基层群众自治示范村居	国家人口和计划生育委员会、中国计划生育协会	2012
双街村	中国最有魅力休闲乡村	农业部、农产品加工局	2013
双街村	全国示范农家书屋	新闻出版总署	2013
双街村	全国文明村镇	中央文明委	2015
双街村	中国最美休闲乡村	农业部	2015
双街村团总支	2014—2015年度全国“青少年维权岗”	共青团中央	2016

现代化都市休闲农业

新中国成立以前，双街村由于生产条件落后，经济发展趋于缓慢。新中国成立初期，双街村实行农业合作化，私有制下的个体经济转为集体经济，村民的生产生活条件逐步好转。

1978 年 12 月至 80 年代初，是中共十一届三中全会召开后实行改革开放的重要历史阶段。在这一历史阶段，双街村党组织带领全村干部群众坚定不移地推进改革开放，实行家庭联产承包责任制，双街村农业生产形势进一步好转，经济实力不断增强。

1987 年年初，双街村建立双街农场，农场的建立使农业生产逐步走向机械化。1989 年，按照生态农业是可持续发展的循环农业的理念，建双街生态农业试验场，至 1999 年，经过 10 年对《高效动物配合饲料产品研制与开发》《万头仔猪繁育基地》等多个开发研究项目的试验、探索，取得成功。

21 世纪初，双街村瞄准精品农业、设施农业、种源农业、养殖农业和旅游观光农业的目标，大力发展现代都市休闲农业。2009 年，启动双街现代农业科技示范园建设。2011 年 4 月，建立双街种养殖业农业合作社。双街现代农业科技示范园位于双街镇北运河西岸，属于国家农业综合开发项目，是以技术推广、示范展示、花卉商贸、观光休闲为一体的外向型综合性花卉果蔬生产中心。现代科技示范园主要含食用菌种植生产基地、种苗繁育中心（车间）、草莓园（研发中心）、葡萄主题公园 4 大部分，另建有温室花卉、特色蔬菜大棚及水族馆，同时成立双街农业科技开发有限公司，其无公害有机农产品已注册“双街”品牌，并获得中国有机产品认证，已形成“产、供、销”一整套销售网络。

国家及市领导多次到示范园考察，均给予很高评价。2013 年，双街村荣获“中国最有魅力休闲乡村”；2015 年，双街村被农业部评为“中国最美休闲乡村”。

都市型新农村的建设改变了村民的生活和工作方式，精品农业、设
施农业、种源农业、旅游观光农业远近闻名。

◉ 精品农业

食用菌科技示范基地 2009—2010年，动工兴建双街现代农业食用菌科技园，总建筑面积7万平方米，生产的食用菌有杏鲍菇、白色金针菇、蟹味菇、白玉菇等。蟹味菇种植生产车间，基建投资8000万元，设备投资3000万元，一期建生产温室及实验室、管理用房，建筑面积共3.5万平方米。2011年蟹味菇投入生产，成熟期104天，日产量20吨。

该基地在对蟹味菇的种植和研究过程中，探索出菇后废菌棒循环利用技术，将废菌棒施用在蔬菜种植基地进行土壤改良，同时收购周边地区的玉米

双街现代农业科技示范园内景（2015年）　　区志办　提供

双街村食用菌科技示范基地生产的白玉菇（2016 年）
刘建　提供

蘑菇生产培育车间（2016 年）　　刘建　提供

芯、麸皮、棉花秆等秸秆资源，带动菇菌农户致富，逐步实现公司加农户的生产经营方式。蟹味菇生产基地，车间安装机械化传输带及相关生产设备，采用现代化工艺设施和人工模拟食用菌的生态环境技术，实现蟹味菇生产操作机械化、生产环境控制智能化、产品质量标准化。基地年产蟹味菇 7000 多吨，销售收入 1.4 亿元，实现利润 4230 万元。

灵芝种植园　2016 年，双街村开始打造灵芝种植园。该园坐落于双街现代农业科技示范园内，占地 6.67 公顷，有温室大棚 40 个。该园是秉承食药用菌（灵芝）科研、种植、参观、采摘、自产自销、技术咨询为一体的现代化生态灵芝种植观光园。从长白山地区引进优质灵芝品种——赤灵芝，并在温室大棚里进行试种，年底取得成功。每个棚，平均收益达 15 万元左右。双街现代农业科技示范园灵芝种植园依托上海农科院、吉林省生物研究所等单位的科技扶持，采用国内一流的灵芝生产线，为国内大中型灵芝深加工企业、药厂、保健品厂和科研单位提供灵芝、灵芝

双街村灵芝生产培育车间（2016 年）　刘建　提供

孢子粉、灵芝提取物等原料，生产的灵芝孢子粉、破壁灵芝袍子粉及灵芝提取物等原料销往美国、澳大利亚、日本等国家。

草莓种植园

草莓基地 2009年，双街农业科技开发有限公司投资1.8亿元，创建草莓生产基地，总占地面积达66.67公顷。一期占地20公顷，投资5000万元，由以色列艾森贝克农业设备公司提供主要技术设备，建造节能日光温室100栋（每栋大棚投资30万元，占地0.07公顷），共9000平方米。其中与以色列拉松公司合作种植草莓25栋，与河北保定草莓研究所合作种植草莓50栋（另建精品蔬菜大棚25栋），同时建成500平方米的草莓种苗组培中心。新型日光温室内的卷帘机、遮阳网、保温幕、保温被等主要设备均由以色列方提供，全部实现自动控制；主体全部采用“双二四”（内24厘米、外24厘米、中空12厘米）墙体中间加温板，设备及设施达到当时国内最高水平，确保了大棚温室

2010年，草莓园配备的传感器　刘建　提供

草莓园内养殖的蜜蜂在授粉　刘建　提供

工作人员在记录草莓生长情况（2014年）　刘建　提供

采摘草莓的场景（2014年）　刘建　提供

性能。专家提供技术指导的内容包括种苗栽种、节水滴灌、果蔬保鲜及运输等，温室利用电脑自动控制水、肥，自动调温、调湿、调气、调光，并配有传感器，帮助测定灌溉间隔时间等。

草莓研发 该草莓园与保定草莓研究所合办草莓研发中心，主要进行国内外最新草莓品种的引进、繁育和推广，并与以色列拉松育苗公司签订草莓种植合作协议，依托拉松育苗发展有限公司技术完备、设施完善的育苗中心，带动了千亩基地的草莓种植，种植方式由传统的平面种植发展到立体种植。2013 年，又创新盆栽草莓的工艺，采用无公害种植草莓的先进技术，培育了 4000 盆优质草莓，培育出的草莓颜色鲜、口感好。

盆栽草莓 盆栽草莓管理简单方便，按技术人员的指导可自行培育。具备良好的通风条件和适宜的温度、湿度，便可在家中阳台盆栽。盆栽草莓，观赏性较强，每盆 3 株草莓苗即可。如培育得当，能延续盆栽草莓的生长期，可再次开花结果。

◉ 设施农业

双街农场 1987 年年初，双街农场成立（其前身为双街农机站）。该农场拥有车床（8 尺皮带）1 台、电焊机 1 台、手电钻 1 台。是年底，农机具实际拥有量：拖拉机 7 台，其中 54 型 1 台、55 型 1 台、20 型 3 台、天津 19 型 2 台；汽车 4 辆，其中 140 型 1 辆、130 型 1 辆、其他 2 辆；拖车 8 辆。大型农机具：机引犁 2 部、机引耙 2 部、旋耕机配 55 型 1 部、镇压器 1 部、刮平机 1 台、推土铲 1 台、12 行播种机 2 台。全村机械耕作、耙地、压地 121.33 公顷，播种 100 公顷，其中麦田播种 53.33 公顷；收割全部实现机械化，机械脱粒粮食 325 吨。20 世纪 80 年代，双街村机械化程度的提高，为现代化都市休闲农业的发展奠定了坚实的基础。

附：双街农场实施农业机械化技术和先进科学技术新式耕作 ①

双街农场的建立和它在农机化道路上深化发展、提高，使粮食生产及其他各业迅速发展。在双街机械化农场示范作用引导下，其他兄弟村纷纷仿照双街

---

① 节选于天津市北郊农机总站、技术推广站“小麦玉米两茬平作过程机械化作业”课题组课题。

农场的模式进行土地适度规模经营和机械化作业。这种形式、这种深化发展的趋势，充分说明其有很好的发展前途。实践证明，这一论断是完全正确的。

第一，土地和农机实行统一经营，专业承包，农场与村委会签订了15年承包合同。第二，农场实行“小麦、玉米两茬平作”新式耕作制，废弃旧的传统耕作方式，以提高粮食产量。第三，农场在“小麦、玉米两茬平作”工作制度中，实行全过程机械化作业，以减少劳动强度，解放劳动力，提高劳动生产率。第四，农场采用先进的机械措施与先进生物技术相结合的科学手段。第五，农场以粮为主，多种经营，既抓粮食，又搞运输，以副养机，以机促粮，提高粮食生产的机械化水平。

1987年，农场引进玉米精量播种机、玉米收获机、化学除草车、小麦施播机、丰收－30小麦收割机、秸秆粉碎机等新型适用农机具。在农机作业中，难度大和工作量大的是对各机型进行性能试验和机械耕作的可行性试验。在试验中，实际的小麦、玉米全过程机械作业是按如下程序进行的：

小麦机械化作业的工艺流程：①机械耙—②机打埂作畦作渠—③畦平—④小麦旋播—⑤镇压—⑥机械化学除草—⑦小麦联合收割。

玉米机械化作业的工艺流程：①机耕、耙—②机械耕播晚玉米—③机械化学除草—④机收晚玉米—⑤机械秸秆还田。

按照双街农场土质条件和本区气候特点，机收小麦、机种晚玉米用了4天，机收晚玉米、种小麦用了7天，均在最佳耕作期内完成收割和播种作业。

农机作业的总体效益，300亩小麦，平均亩产256公斤，产量达76800公斤；300亩晚玉米，平均亩产345.8公斤，产量达103740公斤。小麦、玉米两茬总产量达180540公斤，平均亩产达601.8公斤，平均亩产比上年提高4.012倍。农场全年总收入21万元，人均收入2500元，高于务工劳力的20%，创历史最好水平。农机作业各环节效益：①运用机械耕作，改变了掠夺式粗放经营、增加了土地投入，使粮食生产有了后劲。种小麦不仅每亩施用2立方米农家肥、15公斤化肥，1987—1988年运用丰收－2卧式玉米收获机对300亩玉米秸秆粉碎还田和运用丰收－30联合收割机对300亩小麦也进行了秸秆还田，相当于施绿肥1500公斤，增加了地力，改变了一家一户种田，粮食生产粗放不良现象。②运用机械耕作，发挥了机械替代作用，提高了劳动生产率。以丰收－2卧式玉米收获机为例进行试验，情况如下：

丰收 –2 卧式玉米收获机的试验：①试验时间、地点：1987 年 9 月 8—15 日，在北郊区双街乡双街农场 300 亩试验田。②试验条件：a. 天气晴、风力 3 级；b. 已成熟玉米茎秆粗壮；c. 配套动力白俄罗斯 –60 型拖拉机，顺垄作业，前进速度 2 ~ 3 挡。③试验结果：经过在实地反复试验，该机设计合理，收获质量高，性能可靠、稳定，适应性强，工作效率高，各种指标均达标准，符合实际需要。此机一次完成摘穗、剥皮、茎秆切碎、果穗装车四项作业，其摘穗率 98%±2%，剥皮率 97%，茎秆切碎长度 3 厘米，生产效率 12 亩 / 小时。

双街农场不论在机械播种、种子筛选，还是进行机械化学除草，都实行机械措施与生物措施密切结合。试验证明机械措施的运用促进了生物技术的发展，生物技术与机械措施的结合，使机械措施上升到新高度。

农场引进试验 3SW–350 型化学除草车，配套动力为泰山 –12 型小四轮拖拉机，喷药装置为折叠式，分三段控制，喷幅为 6 米，喷洒化学除草剂为 40% 阿特拉津，每亩地用 0.2 公斤阿特拉津加 50 公斤水配比的药液喷施。通过试验，该机在性能和实际效果方面都比较理想，药液混合得好，喷洒均匀，喷后形成很好的除草层，除草效率达 95% 以上，1997—1998 年的冬小麦基本没有药害。按每季作业 1300 亩计算（机械喷洒比人工锄草亩成本节省 4.13 元），可省除草费 5369 元，大大减少费用，解放劳动力，提高产量，增加了经济效益。

双街农场的建立和在农机化道路上深化发展，不断提高，使粮食生产及其他各业迅速发展。同时在区政府统筹规划下，在双街机械化农场示范作用引导下，双街乡庞嘴村、南王平乡的南王平村也都仿照双街农场的模式进行土地适度规模经营和机械化作业。这种形式、这种深化发展的趋势，充分说明其有很好的发展前途，正如中顾委委员阎达开所指出的“双街农场的建立，其基本点是解决粮食生产萎缩和其他各业的矛盾，只有彻底解放粮食生产力，才能进一步解放其他各业的生产力”。实践证明，这一论断是完全正确的。

节能日光温室大棚　2009 年，园区设施实现规模化，新建节能日光温室大棚。一为由以色列艾森贝克农业设备公司提供主要技术设备，共建大棚 100 栋。每栋大棚高 7 米、宽 10 米、长 60 米。二为国内项目大棚 200 余栋。每栋大棚高 4 米、宽 9 米、长 80

节能温室连栋大棚外景（2016 年）　　张建　提供

米。加上道路占地 600 平方米，总建筑面积 6 万平方米。温室大棚充分吸收智能温室和日光温室的优点，利用电脑自动控制水、肥，自动调温、调湿、调气、调光，并配有传感器，帮助测定灌溉间隔时间，精确可靠，保温能力强、采光性能好、抗风雪能力显著，同时节省人力，节能降耗，提高效益。时为天津市规模最大、技术最先进、设备最完善、现代化水平最高的二代节能温室。

双街村民在青椒大棚劳作（2015）　双街村　提供

温室大棚种植的夏黑葡萄喜获丰收（2015 年）　刘建　提供

◉ 种源农业

2009年1月，双街村投资3000万元发展“种苗科技产业”。于是年4月动工，2010年初步建成草莓、蔬菜、花卉研发中心，组培中心和种苗繁育车间，年供应种苗能力超过666.67公顷，种苗生产能力1亿株以上，可带动1333.33公顷蔬菜、花卉和400公顷草莓的生产，成为天津市规模最大、技术水平领先的种苗生产研发基地。包括接种室、培养室、观测室、组培楼和研发楼等，建筑面积3000平方米。

种苗繁育车间运用先进的植物组培技术、工厂化育苗技术和研发设备作为技术保障，培育种苗质量好、速度快，并建设大规模体细胞克隆植物组培车间、绿色环境与检测实验室、微生物发酵技术中心等技术设施。这种标准化、工厂化、规模化的种苗生产，提高了农业生产效率，有效地保障了农产品的品质，应用循环生物技术得到健康发展。双街村繁育出的蔬菜种苗，不仅满足了种养殖业农业合作社有机蔬菜的种植，还为天津市周边区域提供优良批量的蔬菜种苗。

草莓种苗繁育 种苗繁育车间每年可繁育草莓种苗3000万株。其繁育经过3个阶段：实验室阶段，通过植物组织培养技术繁育出无病、无毒的试管苗，驯化后定植于温室内经过消毒的营养土上，经过一段时间的精心培养，发育成健壮的一级母苗；网室阶

种苗繁育车间外景（2015年） 刘建 提供

草莓园培育的优质草莓（2016 年）　刘建　提供

节能温室大棚内生长的火龙果（2016 年）　刘建　提供

段，春天，将一级母苗定植于用防虫网隔离并经过土壤消毒的网室内，在适宜的温度、湿度及营养的管理条件下，秋天繁育出 50 ~ 100 倍的二级网室种苗；生产苗繁育阶段，翌年春天，用二级网室苗作种苗，定植到与草莓生产田有一定空间隔离的沙质繁育苗圃内，翌年秋天就可繁育出 30 ~ 50 倍的优质三级苗，即生产用苗。

有机蔬菜种植　有机蔬菜种植，是采用益菌微生物制剂及微生物有机生物肥料，补充改善土壤所缺乏的微量元素及微生物有益菌种的方法，种植无公害、绿色、有机蔬菜及瓜果。品种有茄子、番茄（西红柿）、黄瓜、西葫芦、南瓜、青椒、荷兰彩椒等有机蔬菜及药食两用蔬菜。其中引进的蔬菜新品种有荷兰长茄子、“戴多星”黄瓜、以色列西红柿等。在新技术推广方面，采用蔬菜嫁接、滴灌，全部自动控制；采用鸡粪和农作物秸秆作底肥，病虫害综合防治等先进技术，并聘用蔬菜专家定期进行培训指导，生产出的蔬菜具有产量高、质量优的特点，深受市场及消费者欢迎。种养殖业农业合作社还通过高效的物流系统向全国各地的客户配送双街的有机农产品。

2016 年，村民在用黄蓝光板防治病虫害　刘建　提供

有机蔬菜黄瓜（2016 年）　刘建　提供

2011 年，温室大棚内蝴蝶兰盛开　区志办　提供

蔬菜新品种迷你南瓜（2016 年）　刘建　提供

花卉种苗繁育　双街润瀛花卉基地依靠自身在花卉种植上的优势，在温室大棚开展种苗繁育实验，取得成功，后进入大面积繁育生产。其自行研发的品种有蝴蝶兰和红掌两大类，包括 200 多个品种；从研发到生产，从小苗到成品，每年繁育 1000 万株。2012 年，花卉基地占地面积 13.33 公顷，总投资 8000 万元，建有 2 万平方米的高标准花卉智能温室（一代温室）和 200 栋二代日光温室。花卉品种有蝴蝶兰、高山杜鹃、凤梨、红掌，还有可作为盆景的龙船、火鹤，规模培育的竹竽等。此外还有贵重药材兰花组培石斛等。

◉ 养殖农业

新中国成立前，村内畜牧业比较落后，主要是自然繁殖，靠天养畜。大牲畜均为棚圈饲养，猪以圈养为主，羊于冬、春两季在村外放牧，鸡、鸭、鹅为家庭散养。

新中国成立后，农民分到土地，生产积极性随之高涨，饲养马、驴、骡等牲畜增多，一般是自繁自养，多作为耕地和运输使用。1956 年，农民加入高级社，大牲畜也随之入社，采取集体饲养的方式，供集体使用。从 1966 年开始，农用机动车的普及使用，使畜牧业生产受到冲击，一直影响到 70 年代中期，畜禽生产量明显下降。

1977 年，村兴建万头养猪场，大队建机械化养猪场，占地 8500 平方米，房屋建筑面积 2400 平方米，从业人员 13 人，为队办企业，实行独立核算。其主要对口收购单位为北仓食品厂。是年收入 2.25 万元。从 1979 年始，村养鸡专业户饲养蛋鸡增多。1982 年，村里养鸡专业户鲍广才向国家交鲜蛋超过 2500 千克。

1987 年，双街村购进鸡雏，建万只半机械化笼养鸡场，主要品种有白来亨、京白Ⅱ

系、京白Ⅲ系等。中央、市领导多次到鸡场考察指导。20 世纪 90 年代后，强化农业企业化“龙头”建设，双街村先后建立双街津安种犬养殖有限公司、双街万头仔猪繁育基地、双街村 20 万只蛋鸡生产基地。1996 年，双街生态农业养殖公司被天津市科委评为“星火示范企业”。

生态农业试验场 20 世纪 90 年代后期，双街生态农业养殖公司承担《高效动物配合饲料产品研制与开发》《万头仔猪繁育基地》两个市级计划项目。《高效动物配合饲料产品研制与开发》项目采用先进的“理想蛋白质”“超微粉碎和熟化制粒”“新型酶制剂应用”等技术，开发出质量较高的全价饲料产品，并充分考虑绿色环保的发展理念，切实有效地降低了环境中 N、P 的排放量，技术创新较为显著。《万头仔猪繁育基地》项目，采用先进的第三代高效节能畜禽舍及配套环境控制技术、领先的仔猪繁育技术、优良的种猪杂交技术，建立优质仔猪生产工艺，并形成产业化发展雏形，具有一定的推广价值。

2000 年 1 月 21 日，天津市科委在双街生态农业养殖公司组织召开成果鉴定会。一致认为：项目采取的研究方法先进、技术路线科学合理、试验材料真实可信，符合畜牧业的发展方向。该公司在畜牧业、养殖业可持续发展方面进行了科学有益的探索，总体水平达到国内先进水平，并通过了成果鉴定。

仔猪繁育基地 该基地于 1998 年 2 月 25 日创建，为市级星火计划项目。猪场占地面积近 1 公顷，有封闭型厂房 1200 平方米，高床育仔设备 25 套，优质品种母猪 250 头，其中比利时“施格”品种 100 头，种公猪引进美国“迪卡”“杜洛克”各 3 头。基地是在原有 5000 头商品猪规模基础上，采用节能型猪舍、三元杂交、高床育仔产仔、先进饲养及免疫防治等技术，调整猪群结构，使仔猪生产规模、质量、效益大幅度提高。1998 年底，繁育仔猪 1 万头，出栏育肥猪 7000 头，成为北辰区仔猪繁育基地之一。基地逐渐形成公司加农户、产销一体化的产业格局，同时对周边地区养殖专业户和猪场提供技术服务和指导，取得良好的社会效益，达到国内先进水平，并获市级科技成果奖。

蛋鸡生产基地 2006—2010 年，双街村投资 2400 万元，完成与艾格生化制品有限公司（2001 年年初建设，投资 1875 万元，年产蛋黄粉 1000 吨）配套的 20 万只蛋鸡生产基地建设，并与太阳食品有限公司签订鲜蛋供销合同。

中环国际生态产业园 2014 年 9 月 6 日，双街现代农业科技示范园与北辰区中环花鸟鱼虫市场合作，引进中环国际水族项目，建立中环国际生态产业园。该项目占地面积

双街中环国际生态产业园外景（2014 年） 张建 提供

2 万平方米，有观赏鱼 18 万尾、品种 50 多个，观赏鱼种主要来自东南亚、日本、南美洲及国内。

◉ 旅游观光农业

双街村发展农业观光、采摘休闲、科普教育等旅游项目，成为国家 AAAA 级旅游景点。每年接待游客 10 万余人次。

2012 年始，先后与北辰区模范小学、天津外国语学院和武警部队等部门签订了农业科技示范基地协议。口口相传，到双街村进行农业科教的学校数量逐年增长，有红桥

游客乘车观光（2015 年） 刘建 提供

游客骑车观光（2010 年） 双街村 提供

果园实景（一）（2015 年）　　双街村　提供

区、南开区、和平区等市内学校，高峰时一天接待 800 余人次，成了集农业生产、科技示范、科研教育为一体的新型科教农业园。

采摘观光园　采摘观光园有大棚，有露天菜地，是集种养殖、加工、配送、采摘、垂钓、花卉、科普、观光为一体的科技型示范园。

进入采摘园，第一个采摘区是一片占地 0.67 公顷的果树园，种着苹果树、红果树、桃树、梨树、杏树等 10 余个品种近 4000 株。

春天，园里桃花开罢杏花红，这边谢了那边开，景色秀美、花香宜人，还有来回飞

果园实景（二）（2016 年）　　刘建　提供

果园实景（三）（2015 年）　双街村　提供

果园实景（四）（2015 年）　双街村　提供

果园实景（五）（2015 年）
双街村　提供

果园实景（六）（2016 年）　刘建　提供

果园实景（七）
（2016 年）刘建　提供

舞的蜜蜂、蝴蝶，让游人驻足久久不愿离去。秋天，各种各样的水果饱满透亮，很远就能闻到阵阵果香。

100 余个蔬菜瓜果大棚，排列整齐，错落有致。大棚里种植草莓、其他瓜果和有机蔬菜。一条长 400 余米，宽 10 余米的走廊穿过大棚中间。每年 7 月，这个走廊挂满长豆角和丝瓜，片片叶子编织成一把大伞，给游人遮阴乘凉。重重叠叠的枝丫漏下细碎的阳光，给穿行的游客亲近自然的享受。

每年 12 月至翌年 3 月是草莓采摘的季节，草莓硕大、新鲜，没有农药，口感

果园实景（八）（2016 年）　刘建　提供

果园实景（九）（2016 年）　刘建　提供

果园实景（十）（2016 年）　　刘建　提供

甘甜可口。许多单位把带员工到草莓园采摘当作福利，让员工享受远离城市、回归自然、采摘收获的乐趣，丰富员工业余生活，促进同事之间交流与合作。

大棚里种植的各色有机瓜果蔬菜，一年四季都可以采摘。品种有茄子、番茄（西红柿）、黄瓜、西葫芦、南瓜、桃子、火龙果、青椒、荷兰彩椒及药食两用蔬菜等。其中引进的蔬菜新品种有：荷兰长茄子、“戴多星”黄瓜，以色列黄瓜、西红柿等。游客每个季节都可品尝到纯天然、无公害、绿色的四季果蔬。

休闲垂钓园环境优美，有渔池 300 平方米，养殖鲫鱼、鲤鱼、白鲢等常见鱼品。旁边是农家乐餐厅，游客可在此用餐、休息。农家乐食物有菜团子、素盒子、一锅出熬鱼等，都是纯绿色的，用过餐的人们都赞不绝口。

采摘园的外围是一片露天菜地，可体验“都市农夫”的生活，享受轻松悠闲的农业旅游观光娱乐。为市民推出“菜地认领”项目，提供现实版的开心农场，也称开心菜园。市民可以自己挑选地块，承包种植、采摘，平时也会有专业人员帮忙打理。

整个园区就是一个观光园，周边及主干道旁种植树木近 2000 株。园区整洁有序，美不胜收。游客乘坐电瓶车参观游览，闻着花儿和泥土的清香，听着鸟儿和大自然的音律，感受生命的美妙，体味人生最简单的幸福。

葡萄主题公园　葡萄主题公园是北辰区双街现代农业科技示范园区建设的重要工程，分为综合服务区、休闲文化区、葡萄加工区、科技研发区、葡萄种植区和生态观光区6个区，具备精品生产、科技创新、科普教育、休闲度假、文化创意等多项功能。该园与运河文化公园等景观相辅相成，是北运河北辰段运河景观带上的一个特色化的旅游产品，是一座低碳田园、温泉养生的特色农业主题公园。

该园是天津市最大的设施化葡萄基地，具备良好的农业发展条件。建设初期注重绿化和整体环境打造，建成后成为环境优美、服务周到的葡萄观光采摘基地，集旅游观光、科技示范、高效生产、生态循环于一体，既是北辰区现代农业发展的一道微缩景观，又是天津市休闲观光农业的一大亮点。7—10月是葡萄采摘的季节，一架架的葡萄里套种菜花或萝卜等蔬菜。一串串晶莹剔透、味道甜美的葡萄，引来大批的采摘游人。

精品区为北辰区农业“一区九园”重点建设项目之一，集规模化、集约化、标准化、产业化为一体，用现代科学技术改造农业，用现代产业体系提升农业，用现代经营形式推进农业，用现代发展观念引领农业，用培养新型农民发展农业。

2013年，该园引进维多利亚、夏黑、无核白鸡心等高产优质的欧亚葡萄品种，采取由合作社负责统一资源管理、统一技术规范、统一服务标准、统一品牌形象等系列措施，形成合作社+基地+科技人员+村民的发展模式，在合作社、基地、村民之间建立起稳定、完善、有效的利益分配机制。这一举措既给村民带来实惠，又培育了一代掌握现代农业科技知识的新型农民。

2013年，葡萄主题公园项目完成道路综合整治、环境卫生治理、示范园区环卫站建设及绿化土

垂钓园（2016年）　　刘建　提供

游客采摘葡萄（2016年）　赵艳华　提供

双街村村民喜收葡萄（2013年）
陈立兴　提供

地面积3万平方米；主干道路安装太阳能及风能双源路灯200盏，新增电源路灯100盏；完成80万平方米精品设施葡萄区建设，195栋连栋大棚、10栋二代温室大棚交付使用；服务中心办公用房（面积981.85平方米）、农资仓库（面积1664平方米）、千米竹艺长廊等建成并交付使用；硬化道路，筑建园区四周围墙4000米，开挖排水明渠1.9万米，设置园区监控系统，完成供水、供电系统及特色木屋（村民俱乐部）内部装修；栽种葡萄面积54.67公顷。2014—2016年，相继举办三届双街葡萄文化节。

◉ 科技服务

农业科技开发 农业科技有限公司于2004年8月组建，注册资本1000万元，占地面积66.67万平方米，建有195个连栋大棚。开发、交付使用的农业项目有蘑菇基地、草莓基地、花卉基地。2011年，公司通过天津市科技型中小企业认定，兴建高效智能温室，内部核心科技为“机器人管家”——数字化精准农业监控系统，是计算机实时监测控制、信息处理复合系统，为日光温室和组培室提供一系列高效的现代化手段。该监控系统由一台上位机和57台智能型无线网络下位机组成，有气温、地温、湿度、照度、土壤水分、二氧化碳、风速等各类传感器219个，为草莓基地原始数据提供自动记录手段，能精确密集地记录各项栽培环境参数。具有语音提示功能，可根据各种环境因素的变化，适时发出各项具体操作指示；还具有手机报警功能，在灾害性天气和调控设备出现故障的情况下，向管理员发出警报，以保证在最短时间内及时解决问题，减少经济损失，提高劳动生产率，提升管理水平，且大幅度降低了生产成本，增加了效益。2014年，该公司被评为“天津市休闲农业示范点”。

蘑菇基地（2013年） 双街村 提供

合作社服务中心外景（2016 年） 刘建 提供

双街村实施设施葡萄高效植保项目（2013 年）
双街村 提供

合作社社员在田间管理葡萄（2014 年） 刘建 提供

种养殖农业合作社 该合作社于 2011 年 6 月组建，注册资本 423 万元，占地面积 6 万平方米，有 300 个设施大棚，冷藏库面积 6000 平方米，是国家农业综合开发项目单位。合作社办公地址在双辰中路西，有员工 86 人。业务经营范围：蔬菜、苗木、花卉的种植、销售；淡水鱼的养殖、销售；农业种养殖技术开发咨询服务；设施租赁及园林绿化施工。

双街种养殖农业合作社，是天津市农业科技的龙头企业，并通过了国家有机认证和无公害认证。合作社先后与北辰区模范小学、天津外国语大学和武警部队等部门签订了共同建立农业科技示范基地的协议，并获得国家级“蔬菜标准园”、天津市“放心菜基地”等荣誉称号。是集引种试验、秧苗培植、种植示范、产教结合、技术培训、产业研

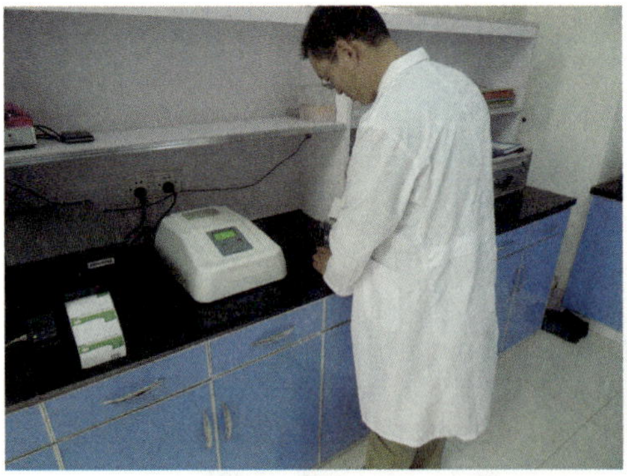

工作人员在检测葡萄农药残留物（2016 年）
刘建　提供

直供直销专用车投放使用（2016 年）　刘建　提供

发、旅游采摘、养殖垂钓、综合配送为一体的应用型示范园区。

2012 年，双街种养殖农业合作社投资建成连栋温室葡萄大棚，规定全村年满 18 周岁的村民可作为股民加入合作社，每个村民只需交纳股金 1 万元就可享有 7 分地，合作社统一购买葡萄桩和葡萄架，耕种完成后交给村民，并定期统一施肥和管理，无偿进行技术指导。村民们只需要进行日常的掐尖、锄草等管理工作。果实成熟后，合作社进行统一收购。这种保姆式管理，最大限度服务村民。入社三年内，每年为每个村民发放 1 万元现金，并对承包种植葡萄大棚的村民给予补贴。2012 年 12 月，该合作社被农业部评为“全国休闲农业及乡村旅游四星级明星企业”。

2013 年，合作社开始为股民分红，每位股民半年获红利 5000 元。由于股份制的实行，全村村民重新回归田园，剩余劳动力就业率 100%。村民们利用闲余时间从事农业生产，既促进了增收，又提高了福利待遇。

链接：感受北辰区双街村种养殖农业合作社首次分红 ①

56 岁的管树成入股承包 4 个阳光温室，种植葡萄、蔬菜等，半年就拿到红利和补贴 13.5 万元。

昨天（1 月 13 日）一大早，天津市北辰区双街镇双街村委会二楼礼堂挤满了男女老少，村民们热烈地议论着，人人脸上洋溢着欢乐的笑容。原来，这

① 作者：何会文，原载《天津日报》2013 年 1 月 14 日。

2013 年 1 月 13 日，合作社第一次分红　　　　刘玉祥　摄

是双街村种养殖农业合作社股民首次分红的日子。

上午 8 点 30 分，村党委副书记刘春东宣布分红开始，村民们按顺序签字领取到合作社兑现的红利和补贴。按照分配方案，这次分红全村 1047 个入股村民每人半年获得红利 5000 元。红利是以银行卡的形式装在大红纸袋中发给村民的。纸袋上"金蛇纳福"四个烫金大字传递出幸福的气息。

刘春东介绍说，2012 年，双街村投资建成连栋温室葡萄大棚，同时成立种养殖农业合作社，规定全村年满 18 周岁的村民可作为股民加入合作社，每个股民只需交纳股金 1 万元就可享有 7 分地；如果不打算自己搞种植，可与合作社签订种植托管合同，由愿意种植的大户承包生产。合作社实行保姆式管理，最大限度服务村民。入社三年内，每年为每个社员发放 1 万元现金，并对承包种植葡萄大棚的村民给予补贴。

56 岁的村民管树成是个热爱土地的种地能手，去年入社后，他大胆承包了 4 个棚种植葡萄，半年下来，他除领取全家 3 口人 15000 元的入股红利外，还一次性获得合作社 12 万元补贴，成为全村获得分红补贴最高者之一。手捧厚厚一沓装有银行卡的红纸袋，管树成兴奋地说："没想到今天会分这么多钱，合作社真成了咱们村民的摇钱树了。其实，侍弄这几棚葡萄也没受多大累，种苗、施肥、打药、技术和销售等大事儿都由合作社统一办了，我只需利用在村置业公司上班倒休的时间，抽空到棚里忙乎忙乎就行了。"

村党委书记刘春海深有感触地说："双街村近年来通过发展集体经济，搞城镇化建设，集体实力不断增强，村民的福利待遇不断提升，住楼房、上保险、保就业等措施让村民的幸福指数不断攀升。一些村民开始贪图安逸，不思进取了，这给今后村民素质的提高带来影响。为确保村集体可持续健康发展，村党委和村委会决定通过建立种养殖农业合作社，实行村民入股的方式，引导村民参加现代农业生产，既能确保村民不忘劳动致富的本色，又能为各家各户增添一条稳定的增收渠道。”北辰区农经委主任季世贵告诉记者：“双街村走的是一条依靠集体经济支撑，实现共同富裕、按劳分配的路子，具有较强的示范意义。”

工业

双街村从建立村落到新中国成立初期，没有工业。1958年，开始有手工业。20世纪60年代初期和中期，有少许手工业、副业。1969年，双街大队成立综合加工厂，为该村首个正式工业企业，当年产值不足万元。

1975年，大队工业产值50万元。1979年，实行改革开放后，允许多种经营，村队工业呈发展势头。1980年，大队工业产值达75.6万元，超过农业产值60万元。80年代，村里先后成立兴华铜材厂等多家企业。1989年，村办工业产值突破1000万元。1998年，村办工业总产值突破亿元大关，达1.33亿元，创该村工业产值历史最高水平，是1980年的175.9倍。

90年代后期，对村办集体性质工业企业进行产权制度改革，“租壳卖瓤”，成为私营个体经济类型的工业企业。进入21世纪，根据示范村镇建设规划和工业区布局规划，以及“优胜劣汰”市场经济法则，到“十一五”期间，村办集体工业企业及村民承办的个体私营工业企业不复存在。

与此同时，双街村抢抓机遇，开辟工业园，“筑巢引凤”，不仅引进外资、内资，每年厂房租金进账收入可观，2003年后，租金达2000余万元。

◉ 村办工业

改革开放后，农村工业作为社队企业（后改称为乡镇企业）而独立。副业与工业分离，一部分归为农村副业，运输业归入第三产业。

中共十一届三中全会后，首先实行农村经济体制改革，国家对社队工业的政策不断放宽，促进了农村工业的发展。70 年代末期，双街公社查清第

双街工业园区（2015 年）　　双街村　提供

四钢铁厂和市属企业、单位多占的农村土地，补偿了有关生产大队资金。双街村收回土地补偿金 150 余万元，为工业发展注入了流动资金，增强了发展后劲。

1980 年，双街村有剪板厂 1 家企业，从业 105 人，年工业总产值为 75.6 万元，利润 29 万元。从 1981 年起，允许在国家计划指导下发展“不与大工业争原料的轻纺工业、人民生活日用品和农副产品加工业”，双街大队建兴华铜材厂，生产铜管，从业 60 余人。

1983 年 7 月，北郊区各公社、大队改为乡、村建制，双街村全年实现工副业产值 66.15 万元，其中社员家庭商品性手工业收入 7 万元（二队）。1983 年年初，双街村建津京五金加工厂，生产铁架子，从业 20 余人。9 月，建双街皮鞋厂，产供销形势较好。

1984 年，双街村响应天津市发展乡镇企业意见，大力发展联办企业。不久，双街村工业增添了饲料、食品、建材等行业，成立美乐食品饮料厂、豆制品厂。1985 年 7 月，双街村与有色金属加工厂合营办企业。1988 年，成立新兴铝材厂。1989 年，成立红星化工厂。1991 年，成立津湾铜材有限公司。

1992 年，双街村有工业企业 7 家，生产门窗、拔管、铜线、皮鞋、糖果、塑料制品等，总产值 1637 万元。1994 年，双街剪板厂和兴华铜材厂进入全区产值 1000 万元大厂行列；1997 年，进入北辰区销售收入 1000 万元以上企业行列。

1994 年双街村企业情况表

表 5　　　　单位：万元、人

建厂年份	厂名	产品	产值	利润	从业人数	固定资产原值	厂长
1970	双街剪板厂	洗衣机剪板、模板，保温箱	2821	130	51	191	郑子谦
1981	兴华铜材厂	铜管	1152	73	59	80	刘春普
1983	津京五金加工厂	铁架	42	24	26	40	解家良
1984	美乐食品饮料厂	汽水、糖果	209	25	43	46	殷家斌
1988	新兴铝材厂	铝型材	856	53	49	298	孙振生
1989	红星化工厂	二水石膏	177	24	88	27	刘树勤
1991	津湾铜材有限公司	铜坯	303	24	35	264	郭庆平

1995 年，双街村有村民 1418 人，有劳力 524 人，有集体工业企业 6 家、合资企业 4 家、三产企业 11 家，90% 的劳动力在村企业从业。其中兴华铜材厂资产总额 509 万元、固定资产原值 92 万元，销售收入 2877 万元、增加值 359 万元、利税 369 万元、利润

346 万元；双街剪板厂资产总额 400 万元、固定资产原值 492 万元，销售收入 2627 万元、增加值 344 万元、利税 320 万元、利润 294 万元。1998 年，双街村总收入达 1.41 亿元，工业总产值 1.33 亿元，比 1980 年增长 174.8 倍。

1980—1999 年双街村工业总产值情况表

表 6　　单位：万元

年份	总产值	年份	总产值
1980	75.6	1990	1043.2
1981	29.7	1991	1311
1982	65.4	1992	1637
1983	—	1993	4419
1984	98.0	1994	5655
1985	104.3	1995	5182
1986	223.5	1996	6818
1987	353.2	1997	8824
1988	638.8	1998	13294
1989	1260.1	1999	9020

说明：1980—1990 年产值按 1980 年不变价计算，1991—1999 年按 1990 年不变价计算

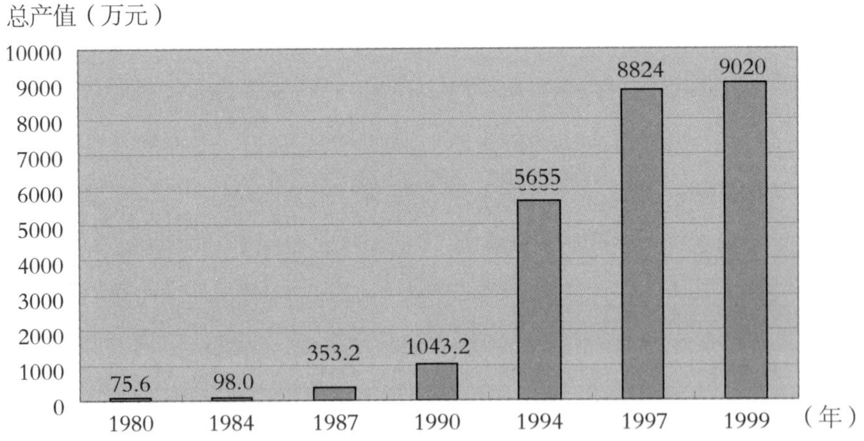

1980—1999 年部分年份双街村工业总产值示意图

90 年代后期，对村办集体企业进行产权制度改革。至 21 世纪初，仅剩 2000 年创建的艾格生化制品有限公司 1 家村办企业。2006 年后，村办集体企业不复存在。

◉ 双街工业园区

自20世纪90年代末，双街村工业由过去的中小型生产加工业向规模化、产业化生产和总部经济方向发展。1998年，双街村凭借国家级的北辰科技园区坐落在该村的地理优势，利用科技园区退还双街村的部分占地费，在园区内购地，投资建厂房，“筑巢引凤”，出租厂房招商引资。至2005年，先后开辟出三个工业园区，总占地面积66.67公顷。

双街三个工业园区均坐落于国家级的北辰科技园区内，地理位置优越，水、电、路、气等基础设施实现“九通一平”，即通自来水、雨水、污水、天然气、热力、电力、电信、有线电视管线、市政道路，土地自然地貌平整。引进新开河水厂的自来水，为企业生产生活提供必要的水源；引进总装110千伏安的变电站，为企业生产提供必要的电力资源；规划污水处理厂建设，为企业的快速、健康、环保生产提供了保障，降低了生产成本，打造绿色环境；规划相应的供热天然气配套设施；规划通信、邮政、宽带等现代办公设施。良好的区位优势和高质量的设施和服务，受到日本、韩国、意大利、葡萄牙等国家和我国台湾地区及内地知名企业的关注，有50余家企业入驻。逐步打造成以机电、冶金深加工、设备制造、汽车零部件、生物制药等为支柱的产业集群。2016年销售收入13亿元，利税1.3亿元，每年为村集体增加收入3000余万元。三个工业园区成为双街村支柱产业，为村的更大发展奠定了基础，同时安置双街村及周边村庄剩余劳动力2000余人。

第一工业园区

位于北辰经济开发区内，始建于1998—1999年，原称双盈工业园，后被列为双街

双街村第一工业园区（2016年）　　区志办　提供

村工业园一区，占地面积 8 公顷，总建筑面积 3.6 万平方米。双街村用北辰经济开发区拨付的 2400 余万元征地补偿款和 2000 余万元贷款，购买开发区建设用地建厂房，边建设、边招商，逐年壮大。1999 年，初见轮廓，先后有新加坡伟丰科技、新西兰郛金机器设备，以及香港、台湾地区等 10 余家内、外资企业入驻。

伟丰科技（天津）有限公司 位于双街第一工业园区内。2002 年 11 月入驻，注册资金 88.3 万美元，是双街村与新加坡商人合资企业，占地面积 3200 平方米。有注塑机、镀膜机等先进生产设备，主要经营各式产品的真空蒸镀、磁控溅射镀膜及注塑加工，生产塑料壳技术在国内同行业中处于领先水平。公司致力于高新技术产品的开发，不断加大高科技的投入，拓展业务领域，遵照“以最低的成本，持续改进的态度，提供优质产品，适时的运输和完善的售前售后服务”的质量方针，为客户提供全方位服务。2013 年，企业资产总额 1700 万元，有员工 95 人，销售收入 1931 万元。

威盾工程建材（天津）有限公司 位于双街第一工业园区内双辰中路 8 号，占地面积 2.7 公顷，建筑面积 12486 平方米。为港台合资企业，2000 年 10 月注册，注册资金 236 万美元。公司设铝材、钢化、油漆、玻璃灯等车间（工段），生产、销售多种门窗、建筑物墙面材料及其相关产品。 2013 年，企业资产总额 9385 万元，员工 240 人，销售收入 1.1 亿元。2014 年，销售收入 1024 亿元。

伟丰科技（天津）有限公司厂区（2016 年）
区志办　提供

威盾工程建材（天津）有限公司（2016 年）
区志办　提供

太阳食品（天津）有限公司 位于双街第一工业园区内双辰东路6号，占地1.56公顷，建筑面积9060平方米。其前身为天津艾格生化制品有限公司。2000年，由双街村投资2000万元建立，为现代化蛋制品加工企业，2001年初投产。公司引进丹麦SANOVO ENGINEERING A/S先进的蛋粉生产核心设备及生产工艺，主要产品有蛋黄粉、蛋白粉、全蛋粉和冰冻蛋白及相应的蛋液制品等，年产量1000～2000余吨。公司自有万吨饲料厂及相关蛋鸡养殖基地，因此产品质量和价格保持稳定。公司与科研院所和大专院校合作，进行蛋壳粉、球蛋白及其他生物制药的研制开发，形成养殖、加工、生产、销售一条龙的产业链。

2006年11月，艾格生化制品有限公司与日本太阳株式会社合资，组建太阳食品（天津）有限公司。拥有蛋白粉生产线。主要经营项目：繁育、销售优良蛋种鸡；生产功能性蛋制品，包括鸡蛋白粉、鸡蛋黄粉、全粉等干蛋制品及生物饲料等。该公司对养殖场采取契约放养式管理，统一供雏，统一供饲料，统一用药管理，保证每枚鸡蛋无残药、无激素；生产采用现代化先进设备，运用高科技，加工出优质、安全、健康食品。公司具有出口资质，先后通过ISO 9001、HACCP、QS及无公害农产品认证。产品销售到日本、蒙古国等国家和中国香港地区。2008年8月，公司的鲜蛋被指定为奥运专供产品。2013年，企业资产总额3500余万元，有员工56人，销售收入6200万元。2014年，销售收入8948万元。

至2016年，第一工业园区内有5家规模企业。它的建设，积累了双街村集体经济发展的原始资金。吸引外资1000余万美元、内资1500余万元，仅租金一项年收入达580万元。

第二工业园区

位于北辰经济开发区内双江道北、创业路东，2004年始建，2008年建成，占地面积41.33公顷，兴建标准厂房16栋，建筑面积20万平方米。园区按照以“诚”待商、以“优”便商、以“信”安商、以“情”聚商的思路进行招商。至2016年，有美国美尼木业、法国乐百氏、韩国盛和、日本伟荣机电和中国的台湾顶津食品、神谷食品，以及中部一技（天津）冷弯设备有限公司、隆电电气等离子切割技术等40家企业入驻。年租金2200多万元。村集体每年增加收入3000余万元。

乐百氏（广东）饮用水有限公司天津分公司 位于第二工业园区双辰东路27号。2001年入驻，占地5000平方米，建筑面积3000多平方米。主要生产经营桶

乐百氏（广东）饮用水有限公司天津分公司门景（2016 年） 区志办 提供

隆电电气工程有限公司外景（2014 年） 区志办 提供

装饮用水，包括纯净水和矿物质水等产品。2013 年，有员工 45 人，销售收入 1162 万元。

隆电电气工程有限公司 公司于 1998 年成立，坐落于双街工业园创业路 1 号，是天津市高科技产业园区认定的高新技术企业，主营防爆电器、低压配电盘制造等。2014 年，公司资产总额 5770.4 万元，销售收入 4054.3 万元。

天津顶津饮品有限公司 位于第二工业园区创业路，占地面积 3 公顷，建筑面积 3.16 万平方米。是双街置业集团与顶津国际集团合作开发的康师傅瓶装饮用水项目，为台资企业，由康师傅（集团）控股。公司于 2007 年 12 月注册，注册资金 1200 万美元。

康师傅矿物质水生产线（2014 年） 双街镇 提供

2008 年 3 月，产品瓶装康师傅矿物质水投产运营。公司拥有 6 条世界先进的高科技全自动生产线，年产量达到 4500 万箱以上，实行批量生产、批量销售，并建有规模化仓储区，为全国最大的瓶装饮用水生产基地。2013 年，企业资产总额 2.47 亿余元，有员工 79 人，销售收入 2.8 亿余元。2014 年，销售收入 2.91 亿元。

第三工业园区

位于京山铁路东、创富路 3 号，2005 年 4 月建成。园区占地面积约 17 公顷，共 16 栋厂房，建筑面积 2 万平方米，为民营中小企业创业园。至 2016 年，入驻企业有凯斯特门窗有限公司、佳臣氏饮水有限公司等 9 家企业。

天津市凯斯特门窗有限公司 位于京山铁路东、双街第三工业园区内，2001 年入驻，占地 2 公顷，建筑面积 6000 余平方米。公司设 3 个车间、2 个仓库。2002 年正式投产。初始注册资金 50 万元，后增加到 100 万元。是专业设计、生产、制造各类铝包实木门窗、节能保温门窗、圆弧门窗、推拉折叠门、幕墙、花廊、阳光房、木屋（含高档木制别墅）、纯木花架及型材的生产基地。公司致力于门窗的制造、销售、安装、维保服务，同时开发环保节能产品，打造舒适、和谐的人居环境；专门从德国引进“威力”“席勒”两条专用全套门窗自动化加工设备，采用现代欧洲“压合式”五金配置，产品具有隔热、隔音和装饰效果。木质为东北原始森林的落叶松，风格设计采用日耳曼民族传统手工工艺风格。生产加工过程中，打磨加工木制品工序配有自动吸尘设施，实现优秀服务品质和全球领先的环保理念。公司于 2006 年 11 月被批准为天津市建材业协会会员单位。2013 年，有员工 40 余人，年销售收入 2000 余万元。

双街村第三工业园区（2016 年） 区志办 提供

天津市凯斯特门窗有限公司厂区（2016 年） 区志办 提供

双街新家园小区花园

服务业

明清时期，由于漕运的兴盛，带来商业发达。其后，双街村商业日渐萧条，至1949年，村中仅有杂货铺、水铺等五六家小店铺。新中国成立后，村中商业由供销合作社负责经营。农民家庭种植的粮食、蔬菜等农产品靠村中集市进行自由交易。1953年建津北郊区，区供销合作社在双街设网点，并通过社会主义改造逐步取消个体私营商业。1958年取消集市贸易，1961年恢复。1979年放开集贸市场，个体私营商业、饮食、服务网点开始出现。进入21世纪，双街村通过房地产开发，带动了楼宇经济和商业、餐饮业、服务业的迅猛发展。2016年，双街村周边金融网点、大型超市、服务网点、商业店铺林立，双街村村民的日常生活方便快捷。

双街村经济多元化的发展，活跃了市场经济，给村民生活提供了便利。

◉ 商贸业

商业中心

双街新家园社区商业中心 形成于2007年，总投资5000万元，位于龙顺道以北、京津公路西侧，总占地面积2.22万平方米。沿顺境路修建经商路面，环状包含双街新家园社区。商业中心为步行街，采用普通电能和自动太阳能蓄电池双路供电；建筑风格整齐划一，与社区整体建筑配套；具有餐饮店、便利店、大型超市、津工超市、菜市场、旅馆、维修店、洗染店、浴池、美容美发、物品回收、家政服务、书店、音像店、照相馆、邮局等十余种业态，功能完备，各类服务设施达标；内设家嘉缘超市、津工超市、上岛咖啡、麦当劳快餐等商业饮食服务业网点，总建筑面积1.6万平方米。该社区商业中心相继出台管理规范和规章制度，统一商户经营牌匾，整体形象协调一致，并与各店面签订了责任书。据2008年统计，社区商业中心入驻商家294家，其中商业144家、餐饮业76家、服务业74家。2010年4月，该中心被商务部和天津市商务委评为国家级社区商业示范区和市级社区商业示范中心。

双街新家园社区商业中心（2014 年）　　　　　　　　　　区志办　提供

至 2016 年，社区商业中心入驻商家 318 家，其中餐饮业 69 家、便利店 28 家、服装店 38 家、房产中介 22 家、银行 3 家、理财 2 家、酱货 3 家、药店 10 家、花店 1 家、水站 1 家、手机店 10 家、美容美发 28 家、面包糕点 4 家、图文快印广告 3 家、水果店 3 家、孕婴店 3 家、彩票店 2 家、电动车店 2 家、电脑维修 2 家、家电维修 8 家、擦鞋店 3 家、眼镜店 5 家、家纺店 1 家、镶牙店 1 家、宠物店 4 家、快捷酒店旅馆 5 家、汽车维修 22 家、土产五金 6 家、珠宝店 1 家、照相馆 3 家、花鸟鱼虫 1 家、诊所 1 家、家具店 1 家、典当行 1 家等。

双新大道商业中心　形成于 2008 年，投资 1.5 亿元，是为双街新邨和双街新城住宅小区配套建立的商业设施群体。2009 年，双新大道商业中心被天津市商委评为市级社区商业示范中心。

双新大道一侧（2016 年）　　　　区志办　提供

双新大道一角（2015 年）　　　　区志办　提供

至2016年，双新大道商业中心共有商铺户119家，面积3万平方米。营业项目涵盖生活需求的各个方面，有天柱海鲜大饭店等餐饮店22家、永辉等超市12家、便利店13家、银行5家、ATM机银行2家、美容美发店6家、旅馆7家、驾校2家、医疗诊所7家、面包熟食店3家、休闲娱乐（棋牌室等）6家、维修店2家、洗染店2家、家装2家、鞋店1家、布庄1家、保健品店1家、网吧1家、五金店1家、房产中介7家、药店2家、足疗店3家、文具礼品店2家、珠宝店1家、理财店2家、手机商业厅3家、文化艺术教育3家。社区商业中心有管理制度及成员岗位职责，明确社区商户统一规范的经营规定，为商户提供较全面和规范的服务。社区商业中心投入资金40万元，为所有店铺统一制作标识牌，整个社区商业中心牌匾整齐划一。

大型超市

永辉超市 位于双新大道北侧，2011年9月开业。总投资6000万元，主体建筑三层结构，营业面积1.3万平方米。主要经营生鲜农产品、家用电器、服装鞋帽、日用百货等，是双街一带规模最大的大型超市。2016年，永辉超市营业额1.3亿元，销售收入200万元，客流量日均3000人次。

家嘉缘超市 位于北辰区双街镇双街新家园小区西侧，总投资2000万元，建筑面积5000平方米，营业面积4000平方米，有员工80余人。主体建筑为三层结构，于2003年12月28日建成营业。时为双街镇域内规模较大的零售连锁企业之一。家嘉缘超

永辉超市外景（2013年）　双街村　提供

家嘉缘超市外景（2010年）　双街村　提供

双街新城（2010 年）　　　　区志办　提供

市以持续改善消费者生活品质为己任，引领现代与健康的生活方式，为消费者提供高品质、超值的商品与服务。2008 年，家嘉缘超市实现销售收入 3000 万元，跻身双街镇规模以上服务业行列。2011 年 9 月关闭。

津工超市　为津工连锁超市，位于龙顺道北侧，2008 年对外营业。主营烟酒副食、日常百货等，为双街村及周边社区居民的日常生活提供便利。2016 年仍在运营。

房地产业

房地产开发

双街村房地产业主要由双街置业集团开发，下辖双盈房地产开发有限公司、盛兴经济建设开发有限公司、国耀置业发展有限公司三家，分别建于 2001 年、2008 年、2009 年。至 2016 年，三家公司共开发房地产项目 10 余项，总建筑面积约 400 万平方米。

双盈房地产开发有限公司　始建于 2001 年 8 月，位于京津公路东侧、北辰经济开发区内，注册资本 3000 万元。公司资质为三级。双盈公司成立前，在天津的房地产业尚未引起人们普遍关注时，双街村便以“小城镇”作为发展目标，借助北运河沿岸综合整治的契机实施旧村改造。2000 年 5 月，投资 1.5 亿元，开发建设双街新家园住宅小

金融创新大厦、智慧北辰指挥中心（2016 年）　　双街村　提供

区。至 2002 年底，双街新家园楼盘全部售罄。2002 年，双盈公司开始实施第二期建设工程——双街新城，2003 年冬竣工。与双街新家园并蒂，形成超大规模宜居社区。2003 年 12 月 6 日，双街新城开盘，住宅面积 12 万平方米；2005 年，楼房售罄。2006 年 1 月，双盈公司为天津市统计局统计信息服务中心颁发的“天津地产销售额五十强”，全市企业排名第 26 位；7 月，公司开发的双街新城二期工程获天津市房地产开发企业协会颁发的“天津市住宅产业现代化示范小区特别范例奖”；年内，公司获“首届中国房地产公信力企业天津地区奖”。2007 年，双盈公司面向工薪阶层和普通百姓，于下半年开始建设小户型景观洋房城际美景小区，建筑面积 20 万平方米。2009 年建成后全部售完，为村里带来 9 亿元的收入。2007 年 4 月，双盈公司获“天津房地产形象十佳企业”；城际美景项目获天津地产品牌满意度调查活动组委会公布的 2007 年天津地产十大满意品牌。2008 年 12 月，双盈公司获天津幸福城市企业贡献奖；2001—2008 年，双盈公司累计纳税近 1 亿元。2009 年，公司获中国社会经济调查所、今晚传媒集团“UP 青年公社”、《今晚报》、《渤海早报》“房产价值最佳楼盘奖”等；“城际美景（一期）”获中国房地产业协会、住房和城乡建设部住宅产业化促进中心颁发的 2009 年度“广厦奖”（住宅类）。2009 年 10 月，双盈公司开发的双街村还迁房双街新郡小区竣工，双街村民

全部住进新楼房。是年，双盈公司纳税3171万元，被列入天津市依法纳税百强企业。至2012年，双盈公司开发建设总面积达100万平方米，同时配套建设了社区超市、农贸市场、商业街、餐饮酒店、健身广场等设施。2013年10月，双盈公司与融创开发有限公司联手开发建设的半湾半岛项目，2016年底基本竣工。2014年，开发建设金融创新大厦、智慧北辰指挥中心、双街综合性卫生院项目，2016年10月竣工，总建筑面积23773平方米。

盛兴经济建设开发有限公司 成立于2008年，注册资金3000万元。公司一是对镇现有自然村按规划迁村并且进行还迁房建设安置及土地出让开发建设，二是对镇域内符合规划的工业、农业地块进行整理开发，并对成熟地块进行基础设施建设及对外进行土地出让招商服务，开展小城镇建设。

2010年，盛兴经济建设开发公司中标承揽九园公路至炭黑路段道路大修工程。2011年，开工建设张湾还迁区（包括上蒲口、下蒲口、张湾、杨堤、胡园、下辛庄6个村）。2013年，建设北辰区第二模范小学，2014年2月竣工。至2016年年底，张湾还迁区建设完成64万平方米。

国耀置业发展有限公司 位于双街

2011年12月，双街示范小城镇集中还迁项目开工奠基仪式在张湾村举行　　　　区志办　提供

2016年12月，张湾还迁区完成的部分还迁房
双街村　提供

北辰区第二模范小学外景（2016年）　双街村　提供

金融创新大厦外景（2016 年）双街村　提供

中汇大厦外景（2009 年）　区志办　提供

村双新大道 6 号与顺境路交口。公司原为上海“国博集团”在天津设立的子公司，2009 年 7 月在北辰区注册，注册资金 2.2294 亿元。

楼宇经济　21 世纪初，双街村开始开发楼宇经济，由双盈公司投资 1 亿元，将位于河北区律纬路与中山路交口的船舶大厦烂尾楼重新改造成为集商务、办公、起居、经济酒店为一体的现代建筑——中汇大厦，年租金达 1000 多万元。2012 年，双街村注重楼宇经济的开发，投资 9 亿元，占地面积 16.7 万平方米，总建筑面积 20 万平方米，建成中关村（天津）可信产业园。2014 年，投资 2 亿元建设金融创新大厦，为中小企业提供专业化、全方位融资服务的特色楼宇。金融创新大厦，位于双街村龙顺道与京津快速路交口处，占地面积 6535.9 平方米，界内使用面积 5212.6 平方米，总建筑面积 18950 平方米。投资 2 亿元，2014 年施工，2016 年 10 月竣工。

2015 年，一批科技含量高、经济效益好、产业创新强、并在国内具有影响力的企业入驻园区。中关村国际软件孵化协会签约入驻，壮大了中关村（天津）可信产业园规模。

天柱海鲜大饭店（2015 年）　　双街村　提供

至 2016 年，产业园入驻企业 90 余家，出租率为 73%。是年，实现营业收入 2000 万元。

◉ 餐饮及金融业

餐饮业

天柱海鲜大饭店　是一家连锁店，总店最早建于 1998 年，原名天柱海鲜饭店，2005 年由西赵庄村东迁至双街新家园底商，改名天柱海鲜大饭店。饭店以经营津菜、粤菜、胶东菜、川菜、印度抛饼、海鲜等为特色，成为双街一带人们喜寿宴请的首选饭店。2000 年及 2007 年，该店又在双街村外相继建了两个分店，经营情况一般。

怡景湾海鲜大酒楼　位于北辰经济开发区双街村开发的城际美景社区内。2007 年 12 月建成营业，主要经营京、鲁、沪、杭菜系，以燕、鲍、翅等高中档海鲜为主。2011 年 1 月，被全国酒家酒店等级评定机构评为国家“五钻级”特级酒家。特色招牌菜品有

怡景湾海鲜大酒楼（2015 年）　　双街村　提供

AA 主人自助烤串城（2009 年）　　双街村　提供

河鲜茶树菇、泰式蟹黄翅、港式脆香耳、淮扬本帮蚕豆、南亚煲穗香鸡、浪漫三丝等十几个品种。2014 年停止营业。

AA 主人自助烤串城　位于双街新家园底商，是经营南美风味烤肉、德式自酿啤酒的一家自助式餐厅，于 2008 年开业。2016 年停止营业。

上岛咖啡　于 2009 年 10 月建成营业，是北辰区内首家上岛咖啡店。位于双新大道，营业面积 1000 平方米。2016 年仍在运营。

金融服务业

1978 年改革开放后，我国经济快速发展，特别是进入 21 世纪，双街村经济发展逐步加快，城市化建设日新月异，村内设立的金融机构迅速增加。至 2016 年，坐落在双街村的金融单位有 7 家，分别为：哈尔滨银行天津北辰支行、建行天津双街支行、滨海农村商业银行北辰支行、天津农村商业银行双街支行、威海市商业银行北辰支行、工行天津双原道支行、农行天津北辰支行。

农行天津北辰支行 坐落于龙顺道 1 号，营业面积 220 平方米，于 2011 年 1 月 31 日开业，为农业银行北辰支行基础营业网点。该支行有员工 6 人、运营主管 1 人、网点负责人 1 人，有自助终端机 2 台、取款机 2 台、存取款机 3 台、自助开卡机 1 台、自助预处理机 1 台，主要以个人储蓄存款、理财业务为主。

哈尔滨银行天津北辰支行 成立于 2010 年 5 月 11 日，是哈尔滨银行在天津市成立的第二家支行，位于双新大道 2 号。该支行秉承“普惠金融，和谐共富”的经营宗旨，坚持“立足本土，服务中小”的理念，为北辰区经济发展和市民生活服务。至 2013 年 12 月底，该支行贷款总额 4.65 亿元，存款总额 5.99 亿元，借记卡累计发放 1.04 万张，个人网银开户 2103 户。

天津农村商业银行双街支行 前身系双街信用合作社，始建于 1954 年 7 月，由农民集资入股组建。建社初期，开办小额存款和发放生活贷款等业务。1958 年人民公社化后，信用社与农行营业所合并，1959 年后与银行营业所分设。1978 年以前，信用社主要发放农田水利建设和农民生活贷款。1978 年后，信用社主要扶持农民脱贫致富奔“小康”及支持乡镇企业发展办理信贷业务。信用社办公地点始设于京津公路铁合金厂旁，后迁至京津公路引河桥北九十二中道一号。

哈尔滨银行天津北辰支行（2016 年） 区志办　提供

天津农商银行双街支行（2015 年） 区志办　提供

1984年年末，双街信用合作社储蓄存款余额437万元，全年累计投放款项887万元。1994年年末，信用社存款余额6734万元，全年累计投资放款1276万元。1998年10月，信用社按照合作制原则进行规范化管理。通过宣传发动、清扩股、召开社员代表大会，选举产生理事会、监事会，完成改革。

2006年10月30日，双街信用合作社随着天津市北辰区农村信用合作社联合社改制，一并变更为“天津北辰农村合作银行双街支行”，地址在天津市九十二中学对面。2010年7月5日，随着天津农村合作银行改革，双街支行更名为“天津农村商业银行股份有限公司北辰双街支行”。该支行营业地址在双新大道3号。

2014年，农商银行北辰双街支行储蓄存款余额逾1亿元。

双街新市镇

2000年年初，双街村开始实施“双街新家园”温泉小区的建设。2003年，双街镇被列为天津城市总体规划八大城镇组团之一。双街村抓住有利时机，借助国家的优惠政策，在全区村级建设中率先进行旧村改造，规划建设了双街新城、双街新邨、城际美景、国耀·上河城等现代化居住社区。至2016年，共建成5个居民小区，总建筑面积100多万平方米，并配套建设了中心花园、具有仿古亲水园林特色的紫御园、千米商业街，上下水路全部入户。所有街道全部为宽阔平整的柏油路面，侧柏、路灯排列有序。村民告别世代久居的平房陋屋，喜迁新居。

林立的高楼大厦，取代了陈旧的平房陋屋，双街人生活在配套设施齐全，温馨、安逸、舒适的环境中。

◉ 双街新景

村碑碣石　2014 年，立于双街村京津快速路与双新大道交口。碣石高 8 米，重 40 吨。碣石正面镌刻“双街村中国最有魅力休闲乡村”，由中国书协理事、中国书协创作评审委员会委员、中国书法进修学院教授、天津市文联委员、天津市书协副主席孙伯翔题写；侧背镌刻《双街赋》，由政协天津市北辰区委员会原助理调研员、天津市口述史研究会理事胡曰钢撰书。《双街赋》规格尺寸：高 3 米、宽 1.2 米，用隶书 1 : 1 尺寸书写。

附 1：双街赋[1]

天赐碣石，龙腾霄汉。岳镇渊渟[2]，风雨如磐。拱北辰之星宿，

---

① 作者：胡曰钢。

② 岳镇渊渟：如山岳屹立，如渊水停滞。形容坚定沉着，不可动摇。出自《文选·王融〈三月三日曲水诗序〉》。

双街村一景（2016 年） 区志办 提供

立津门之屏藩。2013 年，双街村获“中国最有魅力休闲乡村”之盛誉，乃津门北辰之荣耀焉。

北辰双街，都市新城。民生于远古，村成于明初。得漕运之繁盛，历民国之罹难。度四十余年艰苦创业，获二十载地覆天翻。仰党的“三农”政策，靠村领导谋略超凡，壮集体经济实力，依全体村民意愿，兴强村富民伟业，建温馨怡人家园。

观现代新城，群楼高耸，广厦万千，鼎立街亭，碣石伟岸，古街驿道，石舫巍然。八极拳驰名于中外武林，紫御园靓运河歌舞同欢。游人过客棚苑采摘流连忘返，鱼圣鱼仙池旁垂钓情趣无限。园区工业自动化、流水线，观光游览情融一体；都市农业、科技农业、休闲产业现代高端。老有所养，少有所教，病有所医，劳有所得，住有所居，万众欢颜。村民自治，村务公开，廉洁务实，百事规范。盛于时代，强于集体，和于民心，成于领班。

双街村碣石（2016 年）　　双街村　提供

双街村口碑碣后侧镌刻《双街赋》（2014 年）　　胡曰钢　提供

政之所兴，在顺民心。民为邦本，本固邦宁。今双街，雄强本固，物阜民安。孕春色满园之生机，容海纳百川之情缘，襄惠泽后人之盛举，聚万众同乐之桑田。树全国典范，魅力无限。圆梦百姓夙愿，丰功垂范！

二〇一四年六月　　双街村立

盛世宝鼎　双街盛世宝鼎位于双街村中心地带，双新大道与顺境路十字路口中心，是双街村为纪念双街改造工程成功而铸，于 2008 年 10 月 18 日落成揭幕，成为天津市 2008 年迎奥运城市雕塑之一。

宝鼎高 6.3 米，直径 4.3 米，用青铜铸造，总重量 10 吨。鼎周分别饰夔龙 8 条，鼎柄两侧有龙脊。

中华民族炎黄子孙是龙的传人，自古以来以龙为图腾，象征着中华民族是一个龙腾飞跃、随时代发展而永远向前的伟大民族。

鼎座为方形，用 2 米高的大理石镶嵌。基座东侧镌有鼎铭，其余三面镌有反映改革开放前后农民生产生活发生巨大变化的主题浮雕。

附 2：鼎铭 ①

京津走廊，区位得天。漕运古道，史著千年。
明初徙民，北运河畔。永乐年间，双街始建。
拓荒耕耘，先民播汗。村稠路达，水盛船繁。
文人墨客，迹影留连。帝子龙舟，运河扬帆。
民国罹难，战乱连年。灾害频仍，荒野连片。
迎来解放，谱写新篇。沧桑岁月，创业维艰。
改革盛世，国泰民安。鼎新革故，纬地经天。
兴村富民，鸿图壮观。置业双街，龙汇争先。
告别茅舍，旧村拆迁。高楼林立，广厦万千。
新城拔地，都市家园。开拓创新，率先垂范。
海晏河清，民生民愿。文明富庶，万众欢颜。
立鼎千钧，社稷如磐。再创辉煌，和谐共建。

胡曰钢撰　赵伯光书

天津市北辰区双街镇双街村 立

公元二〇〇八年

盛世宝鼎（2008 年）　胡曰钢　提供

北辰书画界人士参观双街盛世宝鼎（2008 年）　胡曰钢　提供

---

① 鼎铭取《诗经·雅》的四言诗体例，勾画了双街村的历史发展脉络和双街人民的创业步伐。全文共 48 句 192 字。

古街牌楼（2014 年）　　双街村　提供

双街村古街　2012 年，双街村委会投资兴建古商业街，2013 年 11 月建成。总投资 5000 万元，占地面积 1 万平方米，建筑面积 7000 平方米，街长 500 米。

古街是以双街老村宅院为原型的明清风格仿古建筑群落，古朴典雅，展示了漕运时期北运河沿岸的街貌风情和民俗文化。古街共设两条步行街，分为主街和内街。

建在屋顶上的内街（2014 年）　双街村　提供

古街一角（2014 年）　双街村　提供

古街店铺（2015 年）　　双街村　提供

主街南北各有 1 个主路口，东侧有 25 个门店，西侧有 21 个中式二层楼商铺。内街在西侧二层商铺的底层屋顶，为楼上街，由 7 套中式二层商铺与 7 套中式四合院落构成。街口矗立着满彩、壮观的牌楼。牌楼内右侧墙上镌刻胡曰钢撰书的《双街赋》。

古街行道上间隔布列数组展示民俗文化的铜质雕塑。街两侧建筑雕梁画栋、古色古香。街西侧紧衔紫御园，与北运河河堤上的树木与建筑群落交相辉映。青砖黛瓦，古树参天，增添了古色古香的韵味，充分展示了双街村古朴典雅、谨然厚重的文化传承。

古街民俗雕塑（2015 年）　　双街村　提供

古街两侧经营的商铺、店堂含特色餐饮、茶叶、养生、陶瓷、家具、玉石、工艺礼品、画馆及粮店、供销社等门类，其中特色餐饮引来京、湘、晋、冀等地的中华老字号慕名入驻。全国闻名的狗不理、三六三杭州菜、重庆九宫格的老火锅、清真东来顺火锅店、锦绣川湘的香辣蟹各具特色，让游客品尝各地美味，流连忘返。以民俗文化为特色的双街古街热闹非凡，是游客休闲购物的好地方。

古街西侧月亮门处是双街村文化历史展览馆，此为北辰区首家也是唯一一家村级文化历史展览馆。

◉ 道路交通

双街村地处北运河畔、京津快速路旁，自古就是上京下卫的交通要道。新中国成立后，尤其是改革开放后，交通便捷、四通八达，高速公路、国道、省道贯穿全境，区道纵横交错，为人们日常出行和镇域发展提供了有力保障。

村外公路——京津快速路 原名京津公路，又称 103 国道，贯穿村域内，是连接北京与天津的交通要道。清代为驿道，1917—1921 年改建成公路，1939 年加铺 4 米宽石子路面。新中国成立后，在加强维修养护的同时，加快公路建设步伐。1955—1957 年，改建为 7 米宽沥青混凝土路面，沿路种植行道树。1989—1990 年，为迎接第十一届亚运会，改建为一级公路，路基宽 28 ~ 38 米，沥青混凝土路面宽 24 ~ 30 米。2000 年，进

2008 年拓宽后的京津公路　　双街村　提供

顺境路（2016 年）
区志办　提供

龙顺道（2016 年）　区志办　提供

顺畅路（2016 年）
区志办　提供

一步拓宽至 40 米。2008 年北京奥运会期间，京津公路作为天津市迎宾大道，路面拓宽至 70 米，东西两侧栽植树木，铺设草皮，形成绿化带。公路两旁，工业企业、商业网点星罗棋布，被誉为“黄金走廊”，为双街村的发展和村民出行提供了便利。

村内道路

双街旧村因有东西向和南北向两条大街而得名双街。1978 年以前，旧村全部是土路。1978 年，开始修建村内硬面道路，铺设水泥路面。1983 年，天津市对乡村公路实行自建、自修、自养政策，双街村开始从治理脏、乱、差入手，整修道路。1984 年，投资 12 万元，将京津公路至双街村的公路修建为柏油路面，长 700 米。1985 年，扩建成宽 4 米、长 1300 米的柏油马路。1990 年，重新铺设入村公路，并实现道路两侧绿化，并将村内道路铺设成水泥路面，共 5000 平方米。1991 年春，铺设村中柏油路面。2000 年后，双街村规划建设，先后建顺境路、龙顺道、顺畅路、双新大道、庄园南道等多条道路。2009 年，村域内道路建设全部完成。

顺境路　2003 年建成，长 1170 米，宽 30 米，南北走向，沥青路面，南起龙顺南道，北至庄园南道。

龙顺道　2005 年建成，长约 1000 米，宽 20 米，沥青路面，东起京津公路，西至运河大堤。

顺畅路　2005 年建成，长 850 米，宽 30 米，南北走向，沥青混凝土路面，南起龙顺南道，北至双新大道。

双新大道　2006 年 12 月建成，为双街村主干道，东起京津快速路，西至双新大桥。长 1000 米，宽 40 米，沥青路面，双向 8 车道。

双新大道（2010年）
区志办 提供

庄园南道（2016年） 区志办 提供

双新大桥（2010年）
双街村 提供

庄园南道 2008年建成，长660米，宽30米，东西走向，沥青混凝土路面，东起双街幼儿园，西至顺畅路。

双新大桥 2009年9月建成，因近双新大道而得名。系钢筋混凝土结构，长96.6米，宽18米。最大负荷55吨，是双街村与下蒲口村之间的交通桥。

公交线路 20世纪60年代，双街村民出门极为不便，仅有一条贯穿南北的21路公交车路经村域，在双街村设站，北起汉沟，南至第四十七中学。21世纪初，该线路撤销。

1970年后，相继开通天津市内东北角至曹子里、殷庄、杨村、大黄堡、北京通县等地的长途公共汽车，均从双街村过境。

1994年8月，开通杨村至天津市内中心公园的611路公共汽车，在双街村设站，发车时间间隔10分钟。2000年后，又增设了607路、610路、961路、810路、便民2路等公交线路，通达津城各地。其中961路先设在双街新家园为始发（终点）站，后设双

双街新家园站（2016年） 双街村 提供

961路公交车双街新家园始发（终点）站（2006年） 双街村 提供

街城际美景为始发（终点）站，直通市中心天津站。2013 年 4 月，农村客运线路退出市场，经过村域内的便民 2 路车撤销。2013—2016 年，村域内新开通了 812 路、725 路、723 路、726 路、752 路等线路，其中 812 路由双街村城际美景东门始发至天津职业大学，725 路在双街村设站，连接刘园地铁一号线。

◉ 邮政电力

邮电 清宣统元年（1909），双街村设立邮政铺商。至 20 世纪 40 年代，铺商设置情况基本未变。

1956 年 5 月，设双街邮电所。60 年代初期，邮电所办理小包裹邮寄、小额汇款，出售邮票，代售书籍，发放抚恤金等业务。60 年代中期，邮政业务逐步增加，主要业务有收寄函件、挂号印刷品、民用包裹、快递小包、保价包裹，以及办理保价汇票、汇款等。21 世纪初，设双街邮电所，位于龙顺道（南侧）31 号。业务范围：邮寄特快专递、信函、包裹，订阅、发行报刊等；代收话费，代发工资、养老保险金；国内汇兑，账户汇款；代理保险业务，办理储蓄业务、集邮业务，代售飞机票。2007 年，双街邮电所升格为双街邮电支局。至 2014 年，双街邮电支局有工作人员 35 人，主要业务有邮寄、储蓄，代收有线电视费、电费等。

电力设施 1997 年之前，双街村电力线路已经老化，产生电压低、供电不稳定、收费难等问题。

自 1997 年 4 月始，双街村组建电工安装组，组织更新电力线路和安装电表（一户一表），工期一个月。随后，村委会制定村民优惠政策，每口人每月免费给 10 千瓦时电，超出的按照 0.5 元 / 千瓦时收费。同时组织收费小组，成员包括村党组织书记、村委会主任、会计、电工。收费小组成员家庭每月的用电量在村公示栏公示，给村民起到表率作用。

2000 年，国家进行农网改造。其后，供电收费由国家电力网统一管理。

2007 年双街村拆迁，2009 年 10 月还迁，电力设施开始走配套工程，电费完全由国家管理。

2009—2016 年，村民从网上、津工超市消费网点、邮局、驻村供电站都可以买电，村民用电收费标准为 0.49 元 / 千瓦时。

安全用电 自20世纪80年代始，为确保安全用电，双街村对从事电力操作人员进行安全教育，定期考核，从业人员严格遵守天津市劳动保护监察条例及劳动保护条例、惩罚条例，并采取以下措施：认真学习和执行安全用电管理规程；按照镇电管站要求安全用电，并以法规制约；利用各种形式宣传安全用电常识；加强季节性安全用电的检查工作。村维修改造低压电网，对不合格线路全部更新，各用电单位加装保安器（漏电保护器），杜绝用电事故的发生。至2016年，均未发生人员伤亡事故。

◉ 公共设施建设

供气 历史上农村烧火做饭及取暖主要能源为柴草。

1983年，农家使用石油液化气日渐增多。1984年，双街村建起集体、个体石油液化气及灶具供应站，由过去的单一能源向多元化发展。

1990年以后，大部分家庭把燃煤或液化气作为做饭能源，取暖能源为燃煤，柴草只用作辅助燃料。到1995年，使用液化气村民占90%。

1994年，在双街村推广民用新能源——沼气，每村试点5~10户。沼气可做饭，也可照明。结合农村建房，采取统一标准、统一跨度、统一模具，严格按照全国农村家用水压式沼气标准建沼气池，发酵间容积多为10立方米，年使用期一般为6个月。后因沼气池损坏失修，修建复杂，加之液化石油气的普及等原因，沼气停用。

2001年9月，“陕气入（北）辰”工程动工，至2014年，双街村改用天然气，建双街新家园、双街新城、城际美景、双街新郜住宅楼时，天然气供给配套工程设施与楼房建设同步进行。

供热 二十世纪六七十年代，部分村民用炕炉子取暖（在外屋用砖砌成燃煤炉灶，烟道通向里屋的火炕，称炕炉子）。80年代初，村民始自行安装“土暖气”。2002年，建双街新家园、双街新城，2009年建成的双街新郜、城际美景，2013年建成国耀·上河城，均采用集中供热。其中，双街新家园、双街新郜、国耀·上河城采用地热采暖。村建有两座集中供热站。

照明 20世纪60年代末，双街村的主要街道每隔50米埋设1根木质电线杆，在简易灯罩下装有100~200瓦白炽灯泡。1979年后，农村经济快速发展，村主要街道均有路灯。双街村街道路灯为高压汞灯、高压钠灯。

双街村路灯建设（2010 年）　　双街村　提供

1991 年，双街村增加路灯 10 盏。1995 年，又投资数万元安装路灯。2000 年 4 月，天津市和北辰区出资 370 万元，双街镇集资 90 万元，共投资 460 万元在引河桥至武清区界内（含双街村 7.8 千米的京津公路）路段上安装路灯 278 盏；10 月 28 日晚启用路灯照明。是年内，双街村主干道路全部安装路灯。

排水　1991 年始，双街村在乡政府支持和协助下，自主修建下水道。2003 年，在拓宽改造 2000 米双江道的同时，新铺设大口径排水管道 600 米。2004 年，启动污水处理排水工程建设。采用雨污分流体系，生产及生活污水与城市管网连接，进入污水处理厂。村旁和附近有大型排水渠两条，南通双街排水泵站排入永定新河，装载能力大。若日降雨 20 毫米，数小时内可排出。

至 2014 年，双街村新建住宅楼下水管道接通大双污水处理厂的污水处理排水工程管道。大双污水处理厂占地面积约 8 万平方米，服务范围达 63 平方千米，负责处理双街村民及其他园区生活污水。

◉ 旧村改造

旧式居住　新中国成立初期，村民住房极其简陋，多数人家住土草房或土坯房。

2000 年，双街老村民居
双街村　提供

双街老村民宅（2008 年）
双街村　提供

20 世纪 80 年代的双街村一角
双街村　提供

院落多是三合院，临街开院门，房屋以坐北朝南较为普遍。房屋布局多为“一明一暗”或“一明两暗”前院式。二十世纪六七十年代，多数村民扩院基建新房，墙体为“穿靴戴帽”（下半截用砖做基础，中间夹土坯，顶部用砖封檐）或“外砖内坯”的“里生外熟”型混合结构。1978 年后，村民的生活水平逐渐提高，有条件的开始翻盖砖瓦房。为提高抗震能力，有的家庭还在墙内加钢筋，使房屋更加坚固。到 2000 年，村民住房多数是砖木结构平房。户平均使用面积 30~70 平方米。

◉ 都市新城

2000 年 5 月，双街村开发建设第一期双街新家园住宅小区。2007 年 3 月，双街村实施旧村改造，545 户村民住宅全部拆迁，拆迁旧房建筑面积 9.87 万平方米。新居 2008 年动工，2009 年竣工，建成双街新邨。至 2016 年年底，先后开发了双街新城、城际美景、双街新邨、上河花园等新型居民住宅小区 。村民全部入住起点高、功能全，配套三水、双气、地板供热的温泉住宅小区，户平均使用面积达 90 平方米以上。

双街新家园　2000 年，双街村开发建设了东至京津公路、南至龙顺道、西至顺境路、北至双新大道的双街新家园，总占地面积 17 万平方米，总建筑面积 24 万平方米，其中住宅面积 20 万平方米、公建面积 4 万平方米。此项目 2000 年 5 月开工，2007 年竣工。社区内各种配套设施齐全，配有三水（自来水、温泉水、纯净水）、暖气、天然气，引入宽带网，供热采用地板辐射式。小区建有 5000 多平方米的中心花园广场和 7000 多平方米的健身广场，其间设置喷泉、假山、花廊、园艺小品、标志性建筑及生活休闲、文

城际美景（2008 年）　　双街村　提供

化娱乐、体育健身等配套设施。

双街新城　双街新城东至顺境路，南至龙顺道，西至顺畅路，北至双新大道；占地面积 10 万平方米，总建筑面积 13.6 万平方米，其中住宅面积 12 万平方米、公建面积 1.6 万平方米，容积率 1.36。该项目 2002 年开工，2003 年冬竣工。

城际美景　城际美景东至双辰中路，南至双川道，西至天铁轧二制钢有限公司，北至中捷彩钢制品有限公司；总占地面积 12 万平方米，总建筑面积 20.34 万平方米，其中住宅面积 18.92 万平方米、公建面积 1.42 万平方米；容积率 1.7，绿地率 35%，建筑密

国耀 · 上河城（2015 年）　　双街村　提供

双街新邨（2011 年）　　双街村　提供

度 26%。该项目 2006 年开工，2009 年竣工。

双街新邨　双街新邨东至京津快速路，南至双新大道，西至顺境路，北至规划路；占地面积 9.3 万平方米，总建筑面积 20.88 万平方米，其中住宅面积 17.8 万平方米、公建面积 3.08 万平方米；容积率 2.75，绿地率 42%，建筑密度 28%。该项目 2008 年初动工，2009 年 10 月竣工。

国耀·上河城　国耀·上河城南起双新大道，北至庄园北道，东起顺境路，西至北运河畔。该项目 2010 年 9 月动工兴建，2013 年一、二期全部竣工，有 21 幢楼房，建筑面积 31.78 万平方米。

◉ 物业管理

双街村及周边社区的物业由天津市双盈物业管理有限公司管理（以下简称双盈物业公司）。该公司于 2003 年 4 月，由双街置业集团有限公司和双盈房地产开发有限公司共同投资组建，注册资本 100 万元（双街村农工商公司投资 40 万元，双盈房地产开发有限公司投资 60 万元）。公司位于京津公路西侧、双街新城 9 号楼 1 门 502 室。下设双街新家园、双街新城、双街新邨、城际美景、中汇大厦 5 个物业分公司。公司内设综合办公室、物业管理部、公共维护部、工程部、财务部、综合服务部等部门。2012 年，物业公司注册资金增至 300 万元。

双盈物业公司以“业主至上，服务第一”为宗旨，以“争创一流物业管理”为奋斗方向，以“创建环境宜人、卫生清洁、治安良好、配套齐全的文明小区”为目标，从人性化服务、品牌化经营、多样化竞争、多元化人才、系统化培训、科学化调整、规范化管理七个方面入手，提供全方位的物业管理服务。初时，物业管理费每月每平方米收 0.35 元。至 2016 年，物业费每月每平方米不超过 1.5 元。

公司各级管理人员先后参加物业管理岗位资格培训，均具有上岗资格证书。小区实行封闭式管理，24 小时维护公共秩序，控制流动人员及各种车辆进出。小区健全完善制度，履行物业管理服务职责方面的全套规章制度；建立针对物业管理服务范围的具体管理规定（含住宅小区物业管理章程、公共秩序管理规定、房屋装修管理规定、房屋及附属设施维修管理规定、环境卫生管理规定、市政公用设施、绿化管理规定、消防管理规定、车辆和道路交通管理规定等），实现有章可循、有据可依的规范性管理。

2006 年，双盈物业公司管辖范围内的社区被评为天津市物业管理优秀小区和天津市文明小区；2009 年，获天津市安静居住小区、天津市交通安全社区称号；2014 年，被评为天津市“四有两无”零犯罪社区。

◉ 市容环境

环境卫生 1978 年前，村中农民的猪、羊、牛圈及鸡舍大多建在自家庭院里，但猪、鸡普遍满街放养，畜禽粪便随处可见，环境卫生脏、乱、差。1978 年后，农村实行联产承包责任制，各类养殖专业户增多。猪舍、牛舍一般建在村外，家禽实行笼养，粪便及时清除，卫生状况明显改观。自 80 年代初，双街村按照双街乡政府决定，每年 3 月在“爱国卫生月”期间全村每家每户大搞卫生，彻底清理卫生死角，并进行检查评比，促进落实。1986 年，双街村主要街道铺设柏油马路，改变以往“晴天尘土飞扬，雨天道路泥泞”的现象。1988 年，双街村沿街道一侧建垃圾池，有专职人员清扫街道、清

双街村村民休闲生活（2011 年）　　　双街村　提供

运垃圾。随着村民生活水平的提高，农村建设趋于城市化，双街村在主街道两侧修建下水道，街道更加整洁。

90 年代，为提升村环境卫生水平，双街村设立专门保洁人员负责垃圾清理和厕所清扫，全面提升卫生环境质量。2000 年后，开展“一三五市容环境整治”“美化家园迎奥运”“大干 60 天”“迎建国 60 周年，大干 150 天活动”等系列环境卫生整治活动。

2005 年，双街村获“市级卫生村”称号。

2009 年 10 月后，双街村民迁入新居双街新邨。双街新邨、双新大道、大鼎景区、紫御园、大桥以西北侧、大桥以西南侧、门前以北东侧、门前以南东侧等地，分别植草皮，插绿篱，种植乔木、花灌木及球体植物，绿化总面积达 12.1887 万平方米，绿化养护费共计 96.48 万元，双街新邨成为花园式宜居社区。

道路清整　随着城市化建设，为提升环境卫生水平，双街村专门成立双竟保洁公司，负责垃圾清理和厕所清扫及道路绿化工作，全面提升卫生环境质量。双竟保洁公司成立于 2012 年 10 月，该公司配备道路清扫车 1 辆、垃圾车 4 辆、洒水车 1 辆、吸粪车 1 辆。双竟保洁公司由保洁和绿化两部门组成，主要负责双街村各条道路及紫御园的清扫工作，各社区、商业区垃圾装运工作，双街村道路两侧及双新大桥以西绿化带养护工作，共有员工 59 人，道路清扫总面积约 10.45 万平方米，绿化养护总面积约 12.1887 万平方米。其中养护乔木 1.3589 万株、绿篱植被 1.6859 万平方米、草坪 4.028 万平方米。

保洁队实行分组分片管理，共分成 4 个小组，每组各有组长 1 名，定人定岗，责任到人，分别负责清理双新大道、顺境路北侧、庄园南道、顺境路南、顺畅路、龙顺道、紫御园的卫生，全体保洁员每天早上 9 点前完成各条街道清扫工作，其余时间各组组长分配组员轮流上岗维护街道卫生。

特色文化

双街村群众文化源远流长，因漕运而兴的运河文化既有北方的粗犷豪爽，也吸收了南方的细腻柔美，形成南北兼容的特色。清代的高跷会表演及新中国成立后的评剧、样板戏等表演也使双街村的文化活动一度繁荣。进入 21 世纪，双街村将紫御园、文化历史展览馆及石雕艺术博物馆打造成新的运河文化景观带。同时，双街村靓丽文艺团和天津市首批百个农家书屋的建设及系列大型文艺演出的举办，使双街村民的业余文化生活更加丰富多彩。至 2016 年，双街村共举办 3 届葡萄文化节和 5 次大型歌舞晚会，不仅给村民以高品质的艺术享受，也使双街村的影响力有所提升，一度成为人们关注的热点。

双街村特色文化彰显出双街村深厚的文化底蕴和双街村人宽广的文化情怀。

◉ 运河文化

漕运的兴盛带来北运河沿岸“商业发达，水陆云集，车樯如织，百货山积”的繁荣景象，也造就了双街村南北兼容的运河文化。21 世纪初，双街村运河文化景观带的建设，无不彰显着双街村深厚的文化底蕴和双街村人宽广的文化情怀。

紫御园 进入 21 世纪，双街村开始在北运河沿岸打造运河文化景观带。紫御园作为其中的一部分，建于 2010 年 3 月，西邻北运河，东与双街古街一墙之隔，占地面积 3.33 万平方米，投资 3000 万元。是年 11 月竣工，12

双街村靓丽歌舞团演员们（2009 年摄） 双街村 提供

紫御园牌楼（2014 年）　　区志办　提供

紫御园内浮雕墙（2014 年）
李文淑　提供

月 27 日向游客免费开放。

该园由时任双街村党委书记刘春海命名，寓意双街村为“紫气东来，御驾巡经”之地。紫，代表“紫微垣”，即紫微星。紫气东来，紫微高照，皆来于此。紫微垣共 15 颗星，以北极星为中枢，如屏藩（捍卫国家的重臣）的样子拱卫北极。北极星，又名北辰。北辰区名出自《论语》：“为政以德，譬如北辰，居其所，而众星共之。”双街作为卫星城，拱卫着北辰区，如紫微垣拱卫北极一样。御，代表御驾巡经。北运河被百姓敬称为“御河”，古驿道被敬称为“御道”。紫御园地处北运河旁古驿道上，为康熙、乾隆皇帝沿运河南巡必经之地，故名紫御园。在紫御园入口的右侧，进入牌楼首先映入眼帘的是一面大型浮雕墙，内容依照北辰籍书画家赵师泉的长卷画作《康熙巡经北运河》制作而成，成为游人常常驻足观赏的一景。浮雕墙不仅增添了紫御园的历史厚度和文化底蕴，也彰显了北运河的繁华过往和万千气象。

漫步园中，可以充分领略人口文化和孝道文化的氛围。园内的人口文化园，采用纯手工锻造浮雕工艺，分设“家佳”“育德”“孝道”“童趣”“ 生育”“法制”6 大板块，从南到北贯穿紫御园。沿途设文化建筑“二十四孝”“弟子规”“百家姓”“中华人口生育文化演绎图”和 20 个法制板块书形雕塑，形成一条图文并茂的长廊。

园内的亲水平台处，泊有一个巨大石舫，长 24 米，高 16 米，宽 8 米，分上下两层。船头虎头形状，船尾有舵，船身与石柱上皆为吉祥云纹。从岸上到石舫有 1 块长约 1.5 米、宽约 1 米的石头台阶相连。登上石舫，凭栏远眺，古老的大运河像一条玉带蜿蜒远去，运河两岸郁郁葱葱，周边美景尽收眼底。

园内中部建有仿古凉亭，顶铺黄色琉璃瓦，梁上彩绘描金，柱雕红漆。由亭子往北折东，形成一个直角长廊，廊柱中间的木板可供游人小憩。其旁建有三面仿明清院墙，每面墙中央开有形式各异的门洞，院子中央与四个角落，都有形态各异、大小不一的安徽灵璧石和各种花草装点，共同构成了紫御园的“园中之院”，使得园中之院既能从外面看到里面，又能从里面看到外面，院墙隔而不界，平添了园中景致层次。

2011 年，双街村投资 45 万元，在园入口铺设地胶。其颜色选取接近自然的绿色和蓝色，以倡导人与自然的和谐相处。

2015 年，双街村聘请专业古建筑专家将位于安徽、江西两省交界处的江西乐平一座濒临倒塌的清代雍正年间的古戏台移建至紫御园。该戏台占地面积 140 平方米，为典型

紫御园内石舫（2014 年）

双街村　提供

古戏台（2016 年）　双街村　提供

的徽派建筑，歇山式屋顶，飞檐翘角，庄重古朴中透着灵动秀逸。古戏台的建成，不仅为双街村民文化休闲提供了新的景观，更为子孙后代留下了一份文化遗产。紫御园现已成为双街村民及周边居民踏青游玩、休闲散心的好去处，每天接纳游客上千人次。

附 1：紫御园记碑 ①

北辰双街，地处京畿②要道，傍运河、泊漕船、近皇仓、邻驿道，乃紫微③辉映、御驾临经之地④；卫星城镇，光耀黄金走廊，强村力、富民生、兴

① 作者：胡日钢。

② 京畿，国都附近的地方。

③ 紫微，即星座“紫微垣”，亦称紫微宫、紫微星。紫微垣为皇帝的居所，紫气东来、紫微高照之出处。紫微垣共 15 颗星，以北极星为中枢，成两列屏藩（捍卫国家的重臣）形状。东藩八星，为左枢、上宰、少宰、上弼、少弼、上卫、少卫、少丞；西藩七星，为右枢、少尉、上辅、少辅、上卫、少卫、少丞。

孔子论语：“为政以德，譬如北辰，居其所，而众星共之。”北辰，即北极星。意为施德政，就像北极星一样，在紫微垣中，受到众星拱卫。双街作为卫星城镇，拱卫着北辰区，就像紫微垣拱卫北极星一样。

④ 御驾临经之地，北运河和北运河堤的古驿道，为康熙、乾隆皇帝下江南必经之路。紫御园与北仓皇家粮仓和皇敕寺庙桃花寺共同体现了北辰的皇家文化。

紫御园记碑（2016 年） 胡曰钢 提供

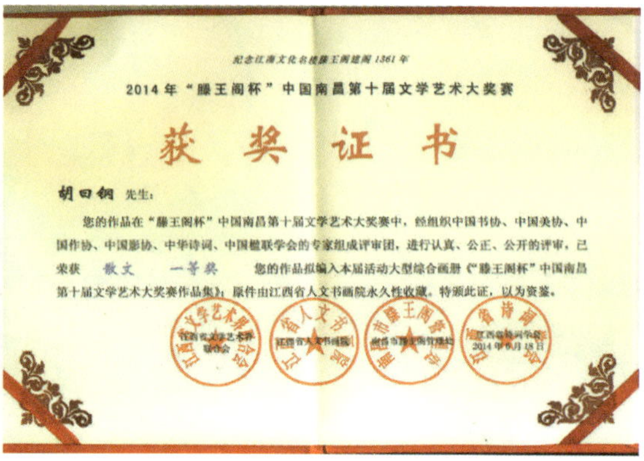

纪念江南文化名楼滕王阁建阁 1361 年

2014 年“滕王阁杯”中国南昌第十届文学艺术大奖赛

获奖证书

胡曰钢 先生：

您的作品在“滕王阁杯”中国南昌第十届文学艺术大奖赛中，经组织中国书协、中国美协、中国作协、中国影协、中华诗词、中国楹联学会的专家组成评审团，进行认真、公正、公开的评审，已荣获 散文 一等奖 您的作品拟编入本届活动大型综合画册《“滕王阁杯”中国南昌第十届文学艺术大奖赛作品集》，原件由江西省人文书画院永久性收藏。特颁此证，以为资鉴。

2014 年 6 月 18 日

《紫御园记》获 2014 年“滕王阁杯”中国南昌第十届文学艺术大奖赛散文一等奖（2014 年） 胡曰钢 提供

伟业、绘鸿道[①]，如屏藩拱卫，崛起现代家园。

今双街，辟北运河畔古驿道址四十五亩，投资两千万元，建紫御园，筑亲水平台，造千吨石舫，砌青石堤岸，立仿古云墙，置桃花仙境，设曲径亭廊，天开图画[②]，熔古铸今，乃双街村又一盛举焉。

紫御园，寓紫微垣矣，紫气东来，星拱北辰，感戴盛世，富国强民。乘龙舟，憩芳亭，感今怀昔，颂太平国运；运河碧，桃花红，瞻云望日[③]，歌盛世雄风。

经济根，文化魂，园之貌，村之盛。富民生仰集体实力，立远景靠领导心胸。造园林乃公益事业，谋福祉[④]为村民之幸。事无巨细[⑤]，心到则成，功不唐捐[⑥]，民心为衡[⑦]。竭诚尽智，创业垂统[⑧]，担社会责任，富一方百姓，功在当代，利在后人。

---

① 鸿道，宏图，强劲坚固。

② 天开图画，上天展示的图画，形容景色美好。

③ 瞻云望日，比喻君主将恩泽施与百姓，臣民有机会觐见君主。在这里比喻党的政策英明。

④ 福祉，幸福、福利，吉祥之意。

⑤ 事无巨细，事情不分大小。

⑥ 功不唐捐，唐捐：佛家语。唐，徒然，空；捐，舍弃。功夫不会白白抛弃，功劳不会没有人记载。

⑦ 民心为衡，民心是秤。

⑧ 创业垂统，创建功业，传给后代子孙。

举清廉，施德政，何愁民心不聚？亲民众，惠百姓，何患功业不成？承炎黄根脉，立以民为本，史炳千秋，天下归心。

紫御园于二〇一〇年三月始建，是年十月一日竣工。

时在庚寅桂月之望 遵嘱为记。

双街村文化历史展览馆 2014 年 9 月，双街村文化历史展览馆建成，为北辰区首家村级文化历史展览馆。2015 年 1 月，对外开放。村民纷纷到此重温乡愁，感受时代发展带来的新变化。

该馆位于双街古街中段西侧，面积近 200 平方米，分为昔日、今日、双街印象三个展厅。建筑为农村一宅一院风格，分为庭院春秋、昔日双街、今日双街和印象双街四个功能区。大门内为前厅，两侧石阶可供游人上下。左侧墙壁用竹简式石材镌刻《双街村记》。宅内展厅通过投影、电子触摸屏、文字、图片、实物等形式展示双街村自明朝建村以来 600 余年的历史变迁。

该馆开放以来，每年慕名而去学习参观、感受新农村变化的人数持续上升。至 2016 年 10 月，共接待全国各地游客 2 万余人次。该馆让观光者感受改革开放给农村生活带来的变化，展示双街村民踏实苦干、追求幸福生活的过程，成为远近闻名的爱国主义思想教育阵地。

双街村文化历史展览馆（2014 年） 双街村 提供

双街村文化历史展览馆内（2015 年） 双街村 提供

附 2：双街村记 ①

北辰双街，地处京津走廊，北运河畔。古为退海之地，有部落人迹于六千年前，村成于明初永乐年间。左衔柴楼，右接沙庄，毗邻皇粮中转之仓廒，驿道傍村而过。元代通漕，村稠路达，水盛船繁，十里桃花争芳斗艳。康熙、乾隆御驾临经，文人墨客迹影流连。乃津门之胜景、圣地也。

得漕运之天择，仰皇仓之盛誉，明初徙民，充实畿辅，有山西洪洞人士结吴刘之义，交管鲍之谊，落户于北运河畔马蹄湾，拓荒耕播，夯土筑屋。村呈东西向两条街式，故名“双街”。

元明清代数百年间，双街乃膏腴繁盛之乡，村民多以服务漕运或事农耕、捕鱼为生。清光绪二十三年（1897），修通京津间铁路，堆埝阻沟，排水不畅，冬季返碱，夏季汪洋。民国时战乱连年，灾害频仍，满目疮痍，土地荒芜，民生凋敝。

新中国成立，重获新生。艰苦创业搞建设，勤奋耕耘排万难。兴水利，治涝碱，种水稻，辟园田，蔬菜种植夺高产，服务城市做贡献。年产粮食数百吨，双街白菜美誉传。国家开辟工业区，村办企业求改善。改革开放谱新篇，城郊经济促发展。千头猪，万只鸡，机械化养殖得改观，入列明星小康村，市、区先进获荣冠。

世纪之交跨步越，集体雄强实力添。“三农”政策普光照，两委班子同心干。置业双街强村路，抢抓契机智超凡。开辟千亩工业区，筑巢引凤添助力；创建万亩农业园，组培研发攻尖端。温室大棚智能化，国际领先走在前。绿色果蔬无公害，有机产品皆称赞。草莓百果亲手摘，观光垂钓恋池边。

都市新城拔地起，告别陋屋迁新苑。商饮服务遍街庭，教文体卫设施全。道路宽阔连成网，高速公路始村前。紫御园林寻故迹，石舫泊船运河畔。千钧鼎立街心亭、古街驿道人声喧。健身广场秧歌队，文化中心舞蹁跹。歌舞晚会同欢乐，消夏纳凉度休闲。文明村，作示范，名扬全国美誉传；八极拳，千人练，驰名国际冠武坛。医保养老无忧虑，入学就业不费难。两委班子凝聚力，

① 作者：胡曰钢。

廉洁务实作典范。民主自治民风正，安定和谐魅力添。辐射周边市区县，两万居民入家园。

水之灵秀得于自然清逸，村之壮美仰仗兴业富民，民之安乐全靠天时地利，政之所兴在于万众归心。浩然正气贯日月，经天纬地宏图现。全国先进文明村，中国最有魅力休闲乡村，声誉华夏，彪炳千古，万众俱欢颜！

天津石雕艺术博物馆　天津石雕艺术博物馆位于北运河西、双街村葡萄主题公园内，由天津古代石刻艺术北辰研究会会长、民间收藏家王书玉创建。

该馆分为一馆、二馆两个展馆。一馆建成于 2014 年 9 月，占地面积 3500 平方米，其中展厅面积近 2000 平方米，库房及办公面积约 600 平方米，收藏了从汉代到明清时期 2000 多年间千余件大型石雕文物，填补了天津市在该项文化产业的空白。

博物馆建筑为钢架结构，既简约又大气。馆内的防火、温湿度调整等均由电脑控制，全立体玻璃幕墙和顶部光线的调节也由电脑操作控制，整体设计彰显环保及节能的绿色理念，具有现代气息。

一馆的门口迎面为一座清代徽派木质凉亭，也为古戏楼，舞台深 10 米，宽 11 米，顶部是用细木构件榫接而成的螺旋式藻井，雕花工艺精美。它能够把舞台内演员演唱的声音充分吸收至穹形顶内，经异形斗拱的折射，削弱噪声，再将声音清晰地传送到戏楼的每个角落。戏台前台横眉以透雕技法刻成狮子滚绣球图案，两角雕成荷花含苞欲放状的垂花柱，舞台正面镶嵌着巨幅《天官赐福》木雕，有天官、童子、猿猴、松柏、云气

天津石雕艺术博物馆一馆（2016 年）　　刘建　提供

天津石雕艺术博物馆展厅（2015 年） 刘建 提供

和四角的蝙蝠。戏楼的门窗雕有狮、凤、牡丹等传统纹饰。

展厅分为多个部分，有几个朝代的石狮、石虎、石羊和清代的龟背石碑，有武将、文臣和武士，有“上善若水”的石牌坊，有 60 余尊几个朝代各形各色、不同材质组成的“狮子林”，还有从海外抢拍回来圆明园散落的石雕残件等。

二馆总占地面积近 2000 平方米，2015 年对外免费开放。中国文联原副主席、国务院参事、中国民间文艺家协会主席冯骥才为该馆题写馆名“天津石雕艺术博物馆”。

2016 年 10 月 16 日，在天津石雕艺术博物馆二馆召开华夏石刻艺术发展研究院成立庆典暨华夏石刻艺术慈善交流会。交流藏品 100 余件，包含瓷器、玉器、木雕、石雕、文玩杂项、书画等。该馆陈列着盛唐的汉白玉佛身、北魏的双面佛造像碑、北齐的神王供养佛座、辽国的青石塔段一套、青白石的龟驮碑、汉白玉武将造像等数十件石雕文物。

博物馆坚持面向社会免费开放，目的是让更多的人了解中华古老的石雕艺术，保护和传承华夏文明。至 2016 年，博物馆共接待国内外宾客 3 万余人次。天津美院、商院、

天津石雕艺术博物馆二馆（2015 年） 刘建 提供

师大、美术学校等众多高校将此作为教学基地，各高校研究生、本科生等多次在博物馆内实习写生和进行历史研究。北辰区政协曾组织近百名书画界人士到馆参观、采风、写生，并将这里作为创作基地。

博物馆所藏石雕种类十分丰富，有园林石雕、建筑石雕、宗教石雕、陵墓石雕等。雕刻作品包括人物、动物、神像、栏板、浮雕、龙亭龙柱、琼楼玉阁、飞禽走兽等。雕刻风格或雄浑，或古朴，或淡泊，或飘逸，手法圆润细腻，纹饰洒脱流畅，展现了独特

学生参观天津石雕艺术博物馆（2015 年） 刘建 提供

游客欣赏石雕艺术（2015 年） 刘建 提供

的东方艺术魅力，体现了中华民族的灿烂文化和古老文明。

◉ 村民文化

双街村文化底蕴深厚，群众性村民文化活动历来较为普及，并逐渐形成自己的特色。早在清光绪二十二年（1896），双街村民便自发集资筹建公益性花会高跷会。

20 世纪 50—80 年代，双街村成立农民业余宣传队。90 年代，一些爱好音乐的村民自发组织起来，举办消夏纳凉音乐晚会。1995 年，双街村的秧歌队等文艺演出团队相继成立。2002 年，村委会把村里音乐爱好者组织起来组建双街村靓丽健身团，2005 年改为双街村靓丽文艺团。2002—2014 年，双街村靓丽文艺团参加区里举办的多场大型文艺演出；2016 年，参加天津电视台录制的“耀武扬威”节目。

2005—2007 年，双街村实施文明村“五个一”建设工程，推进“农家书屋”建设。2007 年，投资 20 余万元，始建双街新邨农家书屋。2008 年，双街新邨农家书屋被列为天津市首批百个“农家书屋”之一；2012 年，被新闻出版总署授予“全国示范农家书屋”荣誉称号。

双街村高跷会　清光绪二十二年（1896），双街村建高跷会。其属于京跷，以渔樵耕读的形象演出；表演技艺属于文武跷，能做各种舞蹈动作和一些杂技动作，还能演唱一些戏曲唱段；服饰艳丽，化妆精细，扮相俊美；表演的主要节目有走场、串花门、小

赵师泉作品双街村高跷会（2016 年）　　赵师泉　提供

对、大对、拉骆驼等。会员有徐恩和、徐恩荣、郑子宽、鲍忠义等 10 余村民。徐恩和扮演的傻妈妈、徐恩荣扮演的刘二姐和鲍忠义扮演的打棒槌，惟妙惟肖，诙谐幽默。郑子宽做的一些难度大的动作，如鹞子翻身、背踢子、摔叉等让人称赞叫绝。逢年过节除在村内演出外，也到邻近村庄演出，还参加北仓皇会活动。在北辰画家赵师泉的画作《北仓皇会》中，专门画有双街高跷会的演出场景。

新中国成立后，高跷会演出频繁，逢春节必出会表演，十分活跃。至 20 世纪 50 年代末，演出活动逐渐减少。六七十年代，高跷会停止活动。

双街村靓丽文艺团 2002 年 3 月，双街村组建靓丽健身团。2005 年 8 月，改称双街靓丽文艺团。该团以曲艺、文艺、健身为主，共有队员 60 余人，分为戏曲组、晨练组和舞蹈组。队员由双街村民和周边社区居民组成，年龄大多在 50~60 岁。戏曲组唱得好的是村民冯长珍、吴春凤，舞蹈组跳得好的是新家园社区居民朱秀芳。该团配合形势任务，紧跟时代步伐，掌握时代脉搏，宣传党的方针政策。随着队伍的不断壮大，活动内容不断满足队员和村民对新生事物的渴求与认知，与时俱进地自编自演各种类型的节目，曾多次参加北辰区举行的大型活动。2003 年，在北辰区第一届社区文化艺术节中，表演的广场舞蹈获“大海杯”广场舞一等奖。2004 年，在北辰区第二届社区文化艺术节中获优秀奖。

2005 年，双街村靓丽文艺团的部分骨干又组建了紫御文艺演出队，其中民乐队的管弦乐器有京胡、二胡、架子鼓、电子琴、扬琴、手风琴、小提琴、笛子、笙等。他们的

2009 年，双街村靓丽文艺团成员合影

双街村　提供

2011 年 9 月 29 日，靓丽文艺团演出现场

双街村　提供

演出形式灵活多样，有独唱、合唱、对唱，快板、舞蹈、秧歌等。他们曾自编自演了6人快板《喜看双街新面貌》、30多人的合唱《赞双街》，部分节目被区电视台录制、播放。

2008年9月14日，双街村举办“庆改革开放30周年、展和谐双街风采”系列活动文艺节目首演，双街村靓丽文艺团等6个文化团体汇聚一堂，为村民献上舞蹈、小品等20多个贴近百姓、贴近生活、异彩纷呈的节目。2009年9月，在全区文艺大赛中，双街村靓丽文艺团参加演出的两套健身秧歌获奖。2014年，双街村靓丽文艺团参加“郊野公园骑行活动文化展演”“第二届小淀杯舞蹈大赛”等区、镇组织的文艺活动，以及“正月十五花会”“双街村社区文化大讲堂”“廉政宣传日”等活动。

2016年，双街村靓丽文艺团舞蹈组参加天津电视台公共频道的“耀武扬威”节目。至是年，双街村靓丽文艺团文艺骨干有100余人，文艺项目有秧歌、（广场）舞蹈、小品、音乐等多个门类。

双街新邨社区农家书屋 2007年，双街村建双街新邨农家书屋，地址设在双街村文化活动中心内，投资达20余万元，建筑面积150平方米，2009年投入使用。该书屋配套设施完备，房间采取地热供暖，配备空调一台、阅读桌6张、座椅30个、书柜12个、报刊架2个、29寸彩色电视机一台、家庭影院组合一套，既方便群众观看科教节目等，又为群众在这里读书、学习提供了良好的环境。其藏书为出版市场上畅销、常销的图书6大类、4000余册。既包括农业实用技术和农村致富经验图书，又包括政治法律、文化教育、文学艺术和少儿读物，以及农村医疗卫生和生活百科等图书，能满足村民爱书、读书、渴求知识的需要。为方便借阅，该书屋还对图书进行了分类，安排专人管理，天天免费开放。年读者借阅率60%以上。

2016年6月25日，青少年在读书节上

双街村　提供

农家书屋藏书6大类（2009年）　双街村　提供

双街村以农家书屋为平台，每季度开展“多读书、会读书、爱读书”读书节活动及读书征文活动。村民踊跃参加，相互学习交流、研究探讨，形成积极向上的学习氛围，助推了村民综合素质和整体形象的提升。双街村还组织全体党员在农家书屋开展“重温革命历史，展望幸福未来”主题研讨活动，缅怀先烈、珍惜来之不易的幸福生活。

2008 年，该书屋被列为天津市首批百个“农家书屋”之一，为全市“农家书屋”工程建设起到良好示范作用，成为农民的“良师益友”。2009 年 6 月 4 日，《天津日报》予以报道。

在 2011 年 4 月 23 日至 11 月 27 日举办的北辰区首届读书节“倡导全民读书，共建和谐北辰”活动期间，双街新郇农家书屋组织开展了文化大讲堂、农家书屋演讲比赛、征文、朗诵等一系列丰富多彩的活动，在全村营造了良好的读书、学习氛围。双街新家园樊鹏、杨华、王海静等村民写出 25 篇读后感，其中 15 篇上报区图书馆，6 篇入选市级征文。

2012 年 9 月，双街村举办首届“倡导全民读书，共建和谐双街”读书节。活动为期两个月，最终评选出 5 本优秀书籍和 5 位优秀读书人。是年 11 月，该书屋被新闻出版总署授予“全国示范农家书屋”荣誉称号，入选全国优秀书屋名录。

2014 年，该书屋改造升级，实施农家书屋标准化建设，推进农家书屋与区级公共图书馆资源共享、通借通还，实现硬件设施、管理服务、使用效率提档升级，阅读环境得到显著改善。同时建立农家书屋建、管、用的一整套长效管理机制，使书屋的价值和意义得到进一步的体现。

◉ 节庆文化

双街葡萄文化节

首届双街葡萄文化节　2014 年 7 月 19 日举办，主题为“乐享丰收季 仲夏嘉年华”，在双街古街、紫御园、双街都市农业示范园开幕。该葡萄文化节有葡萄品尝展卖、民俗风貌、台湾美食特产、浪漫七夕、儿童游艺、文玩收藏六大主题活动。

葡萄文化节期间，开展行为艺术互动表演、天津非物质文化遗产互动体验、北辰区北运河之夏第九届和谐文化大舞台群众戏曲小品歌曲舞蹈器乐等丰富多彩、形式多样的

首届葡萄文化节开幕表演（2014 年） 双街村 提供

第二届葡萄节葡萄仙子表演（2015 年） 双街村 提供

第二届葡萄节狮子表演（2014 年） 刘建 提供

第三届葡萄文化节开幕式现场（2016 年） 双街村 提供

亲子采摘活动（2016 年） 刘建 提供

丰收的葡萄（2016 年） 双街村 提供

演出活动，同时安排津城特色民俗文化、经典台湾美食示范秀、农夫课堂，讲授农业科普知识，体验特色农产品的种植、采摘。村民可现场感受津门的龙嘴大铜壶、龙凤字、糖画、剪纸、熟梨糕、面塑等民俗和台湾精致农业的独特生机与活力。9 月 14 日，葡萄文化节闭幕式在北辰区模范小学举行，20位葡萄种植能手和提供优质服务的5位村民代表受到表彰。葡萄文化节期间，累计接待游客约10万人次，实现文化搭台、经济唱戏的协同发展。

此届葡萄文化节，突出“品质、绿色、健康、休闲”的特点，以有机绿色的双街幸福葡萄为载体，将商贸与文化相结合，采取文化旅游、绿色采摘、歌舞表演、农产品推广、经贸合作等形式，为津城市民呈现了亲近自然，感受中国特色社会主义新农村的葡萄文化盛宴。

第二届双街葡萄文化节 2015年7月26—31日在双街古街举办。此届双街葡萄文化节包含北辰非物质文化遗产展示、民间文化展演、儿童文艺节目专场、百米画卷绘画互动、文玩收藏展览、知名书画老师现场指导等多种类型活动。开幕式当晚举办了大型文艺晚会。文化节期间，有甘甜饱满、种类多样的葡萄供游客采摘，双街村文化历史展览馆、天津石雕艺术博物馆、王其华书画展供游客参观。还有非遗展演、文艺节目，夜市、露天电影，百米长卷《葡萄飘香醉美双街》知名画家现场创作等。此届葡萄文化节，渲染了双街村的葡萄文化，让更多的人了解了双街村。

第三届双街葡萄文化节 2016年7月23日，在双街葡萄园区开幕，由天津双街置业集团有限公司主办，天津双街农业科技开发有限公司、天津双街鼎信资产管理有限公司协办，天津双街种养殖专业合作社承办。此届葡萄文化节，以葡萄采摘、销售、品赏、游乐为主，向游客提供回归自然、体验农业的观光休闲旅游产品，打造双街旅游节庆品牌，树立双街区域形象，达到以节兴旅、以旅兴农、和谐发展为目的。葡萄文化节期间，接待游客10万人次，综合收入1000万元。

大型文艺晚会

进入21世纪，双街村各行各业发展壮大，村民物质生活实现小康。2010—2014年，双街村为了更加丰富村民的业余文化生活，协同双街置业集团连续5年邀请市著名歌舞团演员到村演出，为村民们献上精神文化饕餮盛宴。

“盛世中国·魅力双街——歌颂社会主义新农村”大型歌舞晚会 2010年9月23日晚，由双街置业集团有限公司主办，恩加国际文化传媒有限公司协办的首届“盛世中国·魅力双街——歌颂社会主义新农村”大型歌舞晚会在北辰区模范小学操场举行，6000多名村民观看演出。

文艺晚会以歌颂社会主义新农村为主题，旨在让富裕起来的农民在精神文化方面享

2010 年 9 月 23 日晚，首届“盛世中国 · 魅力双街——歌颂社会主义新农村”大型歌舞晚会在北辰区模范小学操场举行
双街村　提供

受到改革开放所取得的成果。

红樱束女子打击乐团、活力魅影器乐组合演奏《中国龙》拉开晚会的序幕，于文华等演唱《中华全家福》《同喜、同喜》《纤夫的爱》，天津籍歌唱家关牧村献上《祝酒歌》《月光下的凤尾竹》，被誉为“琴键上舞蹈”的玖月奇迹组合带来《玖月奇迹》。

双街村的村民第一次登上大舞台，表演了《双街赞》《好日子》《欢天喜地》等节目。沙宝亮、庞龙、蔡国庆等重量级歌星依次登台，为双街村民献上《暗香》《两只蝴蝶》《365 个祝福》等歌曲。蔡国庆的《同一首歌》随着观众们的合唱，把晚会的气氛推

2010 年 9 月 23 日晚，塞拉利昂歌手玛丽亚与村民演员在一起
双街村　提供

向了高潮。中国新民乐金牌乐团东方神骏现代马头琴的精彩演奏，魅力四射。

此外，诗歌朗诵、评剧、京剧等艺术表演精彩纷呈。晚会唯一的一位外籍人士、非裔塞拉利昂歌手玛丽亚演唱了《嫁给中国人》等代表曲目。

著名播音主持何佳朗诵《心路》，女歌手衡越激情演唱。73 岁高龄的柳石明、京剧表演艺术家康万生，以及天津京剧院、天津青年京剧团都有精彩唱段和表演。

此歌舞晚会是双街村在中秋和国庆两节之际为广大群众献上的一场文化盛宴。村民们激动地说："这种以前只能在电视中看到的演出，如今竟出现在家门口，真是想不到。"

"双街杯"为梦想喝彩——天津市首届"幸福领秀"大赛 2011 年 5 月，"双街杯"为梦想喝彩——天津市首届"幸福领秀"大赛活动（也是自 2010 年以来举办的"盛世中国 · 魅力双街"大型系列文化活动第二场主题晚会）正式启动。由市文明办、天津日报社共同主办，北辰区双街村、双街置业集团有限公司协办。

该活动是天津市 2011 年城市文明展示季活动项目之一。旨在展示天津市开展"同在一方热土、共建美好家园"的幸福成果；展现天津市民丰富多彩的文化生活，昂扬向上的精神风貌和积极乐观的生活态度；塑造城市文化形象，提升市民文化素质，以"津城处处有幸福"为出发点，以市民踊跃参与为着力点，以各区县的海选为落脚点，深入走进百姓生活。

2011 年 9 月 13 日，天津市文明办、津报传媒集团主办的"双街杯"为梦想喝彩——天津首届"幸福领秀"大赛颁奖晚会在北辰区模范小学举行　　双街村　提供

2011 年 7 月，首届“幸福领秀”王学荣
双街村 提供

2011 年 9 月 13 日，全国劳动模范王宝泉、孔祥瑞为获奖演员颁发奖状
双街村 提供

2011 年 9 月 13 日，“幸福领秀”北辰区双街杯颁奖晚会现场
双街村 提供

2011 年 9 月 13 日晚“双街杯”为梦想喝彩——天津市首届“幸福领秀”大赛颁奖盛典在北辰区模范小学隆重举行。大赛组委会评选出 10 个“幸福领秀”单项奖和两个特别奖。著名歌唱家蒋大为演唱了《我是天津人》和《敢问路在何方》两首歌曲。著名歌手佟铁鑫、孙悦、费翔、张振宇、杨光、高保利，以及《中国达人秀》菜花甜妈到场助兴，与幸福领秀选手同台演出，向天津市民展示对幸福天津的真实感受。来自北辰区、滨海新区、蓟县，以及市内 6 区各行各业的选手也应邀参加颁奖盛典，鲍式八极拳的第二代传人鲍雅齐带领徒弟们表演了武术串烧。

“希望的田野”双街庆双节大型晚会 2012 年 10 月 1 日，“希望的田野”喜迎十八大双街庆双节大型晚会在北辰区模范小学举行，由天津市文明办与北辰区委、区政府主办，双街置业集团有限公司承办。是“盛世中国 · 魅力双街”大型系列文化活动自 2010 年举办以来的第三场主题晚会。

晚会以“希望的田野”为主题，展现双街村“十一五”期间在社会主义新农村建设中取得的成绩，展望双街“十二五”规划中“三区联动”和“四金农民”（股金、租金、

2012 年 10 月 1 日，“希望的田野”双街庆双节大型晚会现场 双街村 提供

薪金、养老金）的美好愿景，弘扬“爱国诚信、务实创新、开放包容”的天津精神。

晚会突出爱国、团结、奋进的主基调，以歌舞《我和我的祖国》、舞蹈《彩虹飞舞》《茉莉花》等节目祝福祖国，讴歌祖国建设取得的成就；以歌曲《月亮代表我的心》《今夜无人入睡》《月光下的凤尾竹》《难忘今宵》及诗歌朗诵、京剧、舞蹈等展现阖家团圆、欢乐祥和的传统佳节氛围；《父亲我记住了》《口碑》《离不开你》《在希望的田野上》等歌舞、戏曲、语言类节目形式，表现了双街村民在各级党委和政府的领导下，认真贯彻落实国家“十一五”农村工作发展纲要，开拓创新，勇于进取的精神。

双街村以原创节目合唱《盛世和谐双街情》、男声独唱《双街的早晨》开场，抒发了双街村民对土地和家乡的无限情怀。双街靓丽艺术团、双街八极拳队、合唱团、舞蹈队、双街村民和模范小学的演员与李谷一、杨坤、郑绪岚、刘大成、郝歌，以及中国歌

2012 年 10 月 1 日，李谷一演唱《乡恋》　　双街村　提供

2012 年 10 月 1 日，郑绪岚带来经典歌曲《牧羊曲》《太阳岛上》
双街村　提供

2012 年 10 月 1 日，中国歌剧舞剧院的舞蹈表演《茉莉花》　双街村　提供

2012 年 10 月 1 日，著名歌手杨坤压轴出场将整台晚会的气氛推向高潮　双街村　提供

2013 年 9 月 20 日，高音歌王李春雷在“双街月圆中国梦”晚会上演唱　双街村　提供

2013 年 9 月 20 日，著名女中音歌唱家关牧村演唱《吐鲁番的葡萄熟了》　双街村　提供

舞剧院的艺术家们、市级各类艺术院团的演员同台互动演出，共赏明月、庆团圆，赞美社会主义新农村，祝福祖国繁荣富强，喜迎党的十八大胜利召开。

副市长李文喜，市人大常委会副主任、市总工会主席邢明军，市委宣传部常务副部长、市文明办主任陈浙闽，市文明办副主任刘春雷等领导，天津市劳模代表孔祥瑞、邢燕子，区领导和各委办局负责人，区各界群众代表，双街村居民等近万人与著名表演艺术家欢聚一堂，共赏皓月，庆双节，迎接党的十八大召开。

“双街月圆中国梦”大型公益文艺晚会　2013 年 9 月 20 日，由双街置业集团有限公司主办，天津恩加国际文化传媒有限公司承办的“双街月圆中国梦”大型公益文艺晚会在北辰区模范小学举行，乡亲们载歌载舞欢庆丰收。该晚会是“盛世中国 · 魅力双街”

大型系列文化活动的第四场主题晚会。

全国道德模范孔祥瑞、双百人物邢燕子、奥运冠军佟文，十八大代表吴卫凤、袁滨渤、付玉玲等知名人士应邀参加此次盛会。

晚会于19点30分正式开始，著名歌手于文华、庞龙、沙宝亮、关牧村、蔡国庆，星光大道2008年度冠军玖月奇迹组合，高音歌王李春雷，中国好声音导师汪峰等演艺名人参加演出。

著名女中音歌唱家关牧村一曲《吐鲁番的葡萄熟了》，充分诠释出双街村村民对葡萄喜获丰收的自豪之情，当唱到“双街的葡萄熟了，双街人的心儿醉了……”的时候，现场报以热烈的掌声。实力派唱将、中国好声音导师汪峰的演唱，把晚会推向了高潮。

双街置业集团有限公司的员工与老少三代村民自创自编自演的《中华全家福》《阳光路上》《神曲串烧》等主题节目，真实地展示双街村集约化、组织化、专业化、社会化的管理新貌和成就，表达出双街村民喜获高效都市农业发展大丰收的喜悦心情。

晚会现场座无虚席，双街村民和北辰区各街、镇的（居）村民代表，以及部分天津市劳动模范、北辰区英模代表欢聚一堂，共同观看演艺界名角和双街村民热情参与的精彩文艺演出。

“盛世中国·魅力双街‘天涯共此时’”大型系列群众文艺演出 2014年9月19日，“盛世中国·魅力双街”大型系列文化活动第五场主题晚会“天涯共此时”在北辰区模范小学举行。本场晚会也称“首届北辰区双街葡萄文化节暨台湾特色美食文化季闭幕晚会”。当晚双街村民齐聚一堂，共叙家常、同庆丰收、畅想幸福双街的美好未来。

晚会在大型歌舞《欢歌喜舞庆丰年》中拉开帷幕，节目以回顾双街葡萄文化节六大主题活动成果为主线，以丰富的内容、多样的形式，展示了双街村民的“幸福果实”，

2014年9月19日，“天涯共此时”在北辰区双街模范小学举行，村民演唱《人说双街好风光》 双街村 提供

2014年9月19日，李秀媛演唱《爱的奉献》 双街村 提供

更道出了“勤劳致富，实干圆梦”的共同心声。

78 岁高龄的著名歌唱家于淑珍带来一首《我们的生活充满阳光》，著名歌唱家李秀媛演唱《爱的奉献》，著名男高音歌唱家杨阳带来《故乡情思》，十里八乡的北辰乡亲们和双街村民共同演绎了歌伴舞《人说双街好风光》《双街踏上幸福路》《母亲》《采蘑菇的小姑娘》《牧马人》《祝福双街》《中国梦》《大地飞歌》等精彩节目。

由双街村民自编自演的京剧《双街面貌分外娇》、原创歌舞表演《人说双街好风光》引爆全场。一首由神曲《小苹果》改编的歌舞《小葡萄》，是带领观众欣赏双街美丽风光的一个节目，赏心悦目。还有风情舞蹈《花样年华》、京剧表演《贵妃醉酒》、打击乐《快乐厨房》等 26 个节目，异彩纷呈。

晚会总结了葡萄文化节取得的成果，表达了村民对幸福生活的抒发和感怀。晚会还表彰了为葡萄园种植做出突出贡献的村民和科技人员：闫永俊、王学林、宁玉清、王希林、陈慧鑫 5 人被评为“服务村民优秀标兵”；朱强等 19 人被评为“葡萄种植能手”；葡萄种植户王家生荣获“葡萄大王”称号；鉴于天津农科院葡萄研究所所长、农科院博士田淑芬为双街葡萄种植所作出的特殊贡献，特别为她颁发了“科技贡献奖”。

2014 年 9 月 19 日，著名歌唱家于淑珍演唱《我们的生活充满阳光》 双街村 提供

2014 年 9 月 19 日，双街村民表演的狮子舞 双街村 提供

2014 年 9 月 19 日，葡萄种植户王家生荣获“葡萄大王”称号 双街村 提供

2014 年 9 月 19 日，田淑芬获“科技贡献奖” 双街村 提供

鲍氏八极拳

鲍式八极拳为双街人鲍有声在原八极拳基础上继承发展而创。八极拳源于嵩山少林寺，为少林寺第四代看家拳，由山东吴钟首创，后分为罗疃、孟村两支。鲍式八极拳传承属罗疃一支。八极拳原名八技拳，因该拳将剪、爪、太、八、形、劈、罗、花八种拳中的精华提炼组合而成，被人们普遍称为八极拳。鲍氏八极拳在八极拳的基础上，更加注重内外融合、刚猛脆烈和实战变化而自成特色。

21 世纪初，双街村为弘扬传统文化，继承发扬鲍氏八极拳，聘请鲍氏八极拳第八世传承弟子、鲍有声之子鲍雅齐回乡授拳，成立鲍氏八极拳武术协会和俱乐部，组织正规训练。2009 年，鲍氏八极拳被列为北辰区和天津市的非物质文化遗产。

◉ 继承创新

传承发展 鲍氏八极拳，也称鲍式八极拳，由双街村人鲍有声创立。双街村人自古就有习武健身的传统，许多年轻人白天劳动，晚上练拳。1928 年，曾任东北镇威军第六军军长的许兰洲在天津创办河北国术馆，聘请八极拳第五代传人、著名“神枪”李书文为顾问，八极拳第六代传人、许兰洲之子许家福为教务主任。鲍有声经人推荐考入国术馆，为首期学员，并拜许家福为师。三年期满后，鲍有声留馆学习第二、三期，成为国术馆“四大金刚”之首。20 世纪 30 年代，鲍有声参加南京运动会、上海全运会等全国拳术、枪术比赛，均获第一名、第二名的好成绩，并在国术国考中获八极拳打擂冠军。

1937 年“七七”卢沟桥事变后，国术馆解散，鲍有声作为许家福入室弟子继续练功。鲍有声追随许家福 13 年，终成八极拳第七代传人。他在总结前人经验基础上，汲取其他门派之长，在继承中创新提升，将武当掌门人“铁棘犁”高虎臣、“神枪”李书文等拳法，及太极的内功与少林的外功融合起来，创编了既突出刚猛、爆发力强，又便于推广习练的鲍氏八极拳。其间，鲍有声曾在家乡双街村设馆授拳，吸引四邻八乡村民前去习练。

双街鲍氏八极拳，继承发展创新，弘扬传统文化。

全国八极拳技艺交流大会与会人员合影（2011 年）　　胡曰钢　提供

“文化大革命”中，鲍有声受到冲击，回到老家双街村。乡亲们纷纷找他拜师习武，多时达到八九十人。后来鲍有声落实政策，回到北京，但鲍氏八极拳的名声已在双街村深有影响。

技艺创新　2006 年年初，双街村邀请鲍有声之子、鲍氏八极拳第八世传承弟子、时任中国武协高级教练与裁判员、吴钟八极拳研究会常务副会长鲍雅齐回村授拳。鲍雅齐看到双街的发展变化，感念家乡之情，欣然应允，毅然返乡。是年 3 月，鲍雅齐回村创办天津市北辰区八极拳武术协会和双街八极拳武术运动协会，吸收双街村民及周边喜爱武术的居民报名参加，许多外省市的武术爱好者也前往拜师。

鲍雅齐生于 1958 年，从小随父练功，四五岁开始学习八极拳，亦受师爷许家福点拨。1967 年，鲍雅齐回到老家双街，入双街小学。1980 年在天津市第九十二中学高中毕业后，回北京顶替父亲工作，后在北京朝阳体校任武术教师。无论春夏秋冬、白天黑夜，他从未间断练功。

鲍雅齐的拳术精于金刚八式、六大开手、八极拳、八极小架、大劈挂掌、小劈挂掌、太极雷拳、太极软架、大架太极、八极拳对接、八极对劈挂，擅使器械主要有大六合刀、小六合刀、万胜双刀、六合枪、震山棍、双钩及青萍剑、月霞剑对练等。1981—

20 世纪 30 年代河北国术馆成员照　　胡日钢　提供

“双街”杯传统武术大赛（2009 年）

北辰区八极拳武术协会　提供

1983 年，鲍雅齐连续三届获北京市武术冠军。1982 年在郑州参加比赛获全国剑术第一名、拳术第二名。1983 年 11 月在北京市农民武术比赛中，夺得拳术第一名、对练第一名、枪术第二名和三项全能第一名。1992 年 10 月在北京市传统武术比赛中，夺得枪术第一名、八极拳第二名。1993 年 7 月在北京市传统武术比赛中，夺八极拳第二名。在庆祝新中国成立 35 周年时，鲍雅齐被选在天安门金水桥旁表演青萍剑，与北京武术学会副主席王世泉表演对练。

八极拳以近身靠打为主，动作工整，不易学习。为了便于拳术的普及，鲍雅齐注重改进训练方法，加强身体的协调性，将八极拳的蹿跳、柔掌、绵掌等基本训练与田径运动相结合：将摔打、沙袋、顶拱长板等训练与器械训练结合起来，练马步蹲桩训练与杠铃压腿等训练结合起来等。在教学中，鲍雅齐采取分段教学，因人而异，逐步推进，让不同层次学员都能感受到习武的快乐和益处，达到德、智、体全面发展，文武兼备。

2009 年，双街村鲍氏八极拳被列入天津市第二批市级非物质文化遗产名录。2011 年，在天津市举办的“百名优秀社会体育指导员”和“十佳社会体育指导员”评选活动中，鲍雅齐以 11670 票第四名获“十佳社会体育指导员”称号。

至 2016 年，双街鲍氏八极拳在不断发扬传承的基础上，培养了众多人才。鲍有声作为八极拳第七代传人，被后辈称为七世祖师。其培养出的鲍氏八极拳第八世传承弟子主要有鲍雅军、鲍雅欣、鲍雅齐、王世泉、赵友、钱震、陈升、赵泰安、刘殿仕、鲍雅军、王景洲、郑子千、鲍秀华、王世和、鲍广华、刘春海、管树林、王瑞兴、刘春燕、张万祥、鲍惠新、刘宝玉、刘春红、李邦勇、商庆斌、张德林、殷洪成、郑子明、董广福等；鲍氏八极拳第九世传承弟子主要有鲍桓瑀、鲍景超、尚慕涛、项东旭、刘家雄等 92 人；鲍氏八极拳第十世传承弟子主要有鲍冠霖、项楚涵、刘梓梵等 8 人。

◉ 拳技特征

拳术 鲍氏八极拳以刚猛爆脆为代表。其特征是，将原八极拳的近身靠打与劈挂的中、远距离打结合起来，将内功与外功融合起来，突出刚猛、实战，概括为“三盘”“六点”“落地开花”。“三盘”，指上、中、下三路；“六点”，为心与意合、意与气合、气与力合、手与足合、肘与膝合、肩与胯合。“落地开花”，形容出拳有力，爆发性强。

鲍氏八极拳与传统八极拳区别在于：传统八极拳有的门派没有劈挂，有的传入民间后要求不够规范、工整。而鲍氏八极拳是在原河北国术馆的规范教习下继承发展的，比较专业，而且在拳法中加有大劈挂、小劈挂。俗话说：“八极加劈挂，神鬼都害怕。”八极是近身靠打，而劈挂适宜中、远距离。即近身用八极拳打，中远距离用劈挂抽，两者结合，使鲍氏八极拳的技击性更强。

国术馆属于专业科班性质，训练严格规范，一招一式必见真功。马步必须蹲得工整。弓蹬步、四六步等步法要求身直耿正，气沉丹田，垂肩拔顶，一丝不苟。除此之外，鲍氏八极拳又有所创新。武当的掌门人高虎臣，外号“铁蒺藜”，字仙云，与“神枪”李书文都是当时武林界最著名的高手。鲍有声跟李书文、高虎臣两位老师学习吊球、顶拱长板及雷拳、龙形拳、虎形拳、气功和各种兵器等，汲取二者长处，融入鲍氏八极拳中。同时，吸收其他门派之长，将内功、外功、气功和表演艺术融合到一起。尤以传承高虎臣气功为上，以气催力，“三盘”“六点”“落地开花”刚猛暴烈。

鲍雅齐辅导外国学员习武（2011年） 北辰区八极拳武术协会 提供

鲍氏八极拳的基本功是“金刚八式”，由撑锤、降龙、伏虎、劈山、探马拳、圈掌、熊蹲、推山拳组成。练好“金刚八式”后，再练八极小架、八极大架、劈挂、五形拳。鲍氏八极拳涉及兵器刀、枪、剑、戟、斧、钺、钩、叉套路兼习。通常在练习“八极小架”时，即穿插兵器和对练，如月霞剑对春秋刀、单刀拐对枪等。

鲍氏八极拳动作极为刚猛，发力如绷弓、炸雷，猛起硬落、连连进发；注重攻防，讲究挨、膀、挤、靠，见缝插针，有隙即钻，不招不架，见招打招。在技击手法上讲求寸截寸拿、硬打硬开，具有挨、戳、帮、挤、靠、崩、撼之特点。口诀为：一寸、二裹、三提、四挎、五戳、六搂、七硬、八摔。其劲道始于足，发于腿，行于腰际，力达四梢，直贯手尖，故发力爆猛，极富技击特色。鲍氏八极拳技击讲究彼不动，我不动；彼若仍不动，我则以引手诱敌发招，随即用崩开裹进之法强开对方之门，贴身暴发，三盘连击，一招三用、三法、三力，一举成功。

鲍氏八极拳以六大开、八大招为技术核心，套路有八极小架、八极对接、六肘头、刚功八极、八极新架、八极双软等。器械以六合大枪、对扎大六合为主，其劲道讲求崩、撼、突、击、挨、戳、挤、靠，以及撞靠劲、缠捆劲等。特点为动作简洁、长短相兼、发劲迅猛、撞靠捆跌突出、肘法叠用、下盘稳固。拳械套路可单练，亦可对练。对接、单练全套 4 趟 42 势，主要拳势有理打顶肘、左右提打、端档、托窗、转环掌、大缠、小缠、挎塌、跪膝、扑面掌、落步砸等。

绝招“贴山靠”是其中翘楚。进招时的关键是近身，以“打人如亲吻”的距离接近

八极拳队员练习拳术（2009 年）　　双街村　提供

对手，用肩部撞击对方。以“开门出手，六力合一”，六大开之劲力，看似以肩部为发力点，实则结合腰胯部的扭转力，合全身之力向对方靠去，给人极大伤害。

鲍氏八极拳的步形以弓步、马步为主，步法以震脚闯步结合而成。不丁、不八、不弓、不马，即用拥搓步、跺碾步和翻身跺子，有“八极、八极，两脚不离地”的说法。腿法要求不宜过高，主要有弹、搓、扫、挂、崩、踢、咬、扇、截、蹬。在下盘功夫中，搓是重要腿法之一，讲究“行步如蹚泥，脚不过膝”。要求踢击时攻击点落于对手的膝关节以下，尤其是足部。意在用踢绊破坏对手的脚下重心，用不强的劲力巧妙地达到击倒对方的效果。

练拳时要求凝神静气，气贯丹田。以头足为乾坤，肩膝肘胯为四方，手臂前后两相对，丹田抱元在中央。以意领气，以气摧力，“三盘”“六点”内外合一，即上中下三盘稳固，内三合与外三合互相贯通，内外上下，气力相辅，劲断意不断，形断神相连。

拳谱 鲍氏八极拳在习练中，遵循如下拳谱：

一、金刚八势（基本开门练法）即撑锤（崩弓窜箭急）、降龙（五岳朝天锥）、伏虎（六合扑地锦）、劈山掌（劈山斧加钢）、探马掌（登山探马准）、虎抱（圈拦虎抱急）、熊蹲（熊蹲硬靠挤）、鹤步推（鹤步推山稳）。

二、六大开为八极拳之绝技，意为先开门，后进招，凡与敌交手均不离此术。六大开是顶、抱、单、提、挎、缠六种基本方法，是各种动作的母系。练六大开以三靠三合为要点，招不离胯。

八极拳队员练习拳术（2012 年） 双街村 提供

三、八极拳小架（同时可以配泥球耗软架）。

四、练习八极拳时应先轻后重，先慢后快，同时舌抵上颚、发力时伴以哼哈之声，以达内外合一、劲力完整之要求。其他部位的动作也要遵照循序渐进的原则，做到全身上下协调一致。

五、练习八极拳必须辅练劈挂掌，刚柔相济，力达四方。

六、辅助操练的有搂桩、靠桩、顶弓掌板、抽袋、跑砖等。

七、对练项目有八极对接拳、八极对劈挂、八极对爪拳。

八、器械有六合大枪、双盘枪点（滑大杆子）、耗大枪架、子龙枪，大六合刀、小六合刀、雪片刀、万胜双刀、拦马撅（扑刀）、春秋大刀，月霞剑、青萍剑，震山棍（行者棒）；其他有双戟双钩、鸳鸯钺、雁翅镗等。

九、双练器械有对劈月霞剑、对盘六合枪、单刀拐进枪、扑刀进枪、春秋刀对双剑、三节棍对双拐、梢子棍对枪。

十、其他有易筋经、大架太极、罗汉拳等。

十一、练八极拳者多从“八极架”入手，亦有人称其为“功架拳”“小八极”或“小架子”，是八极拳的基本功，也是八极拳的重要组成部分。它简单、易练，更具有很高的健身和实用价值。约计 27 势，每势均是一独立招式。招式不同，练法亦异。各式

八极拳队员练习拳术（2015 年）　　双街村　提供

按其用法直接使用，势与势间，勾挂连环，变化巧妙。此外，八极门中的著名招法——“八大招”，又称“八招法”，即阎王三点手、猛虎硬爬山、迎门三不顾、霸王硬折缰、迎风朝阳掌、左右硬开门、黄莺双抱爪、立地通天炮，也隐秘在八极架路中。是招，一经点拨、析解、试手，即可掌握。

十二、十大要求即姿势舒展（十字劲）、手脚相随（眼随手转，拳脚齐发）、下盘稳固（腿不过裆，脚不离地，无蹿蹦、跳跃步法）、劲力短快、变化突然、拥搓代缓（缠丝劲和“拥搓”步法）、以气催力（吐气发声，以声助势，以气催力）、刚柔相兼（以“四六”为主，用“拥搓”步法）、阴阳顿挫、神形兼备。

要领 鲍氏八极拳在习练中有如下要领：

劲力：讲求崩、憾、突击。崩，如山崩之势；憾，如震撼山岳；突击，为用法突然，动作干脆。须贯通于肩、肘、拳、胯、膝、脚六个部位。发力瞬间要疾如闪电，刚劲为主。

行气：要求始于闾尾，发于项梗，源泉于腰，行步若淌泥，气要下沉，忌浮。

身法九要：意正身直、松肩气下、外方内圆、含胸拔顶、抖胯合腰、手脚相合、气力贯通、三盘连环、意守丹田。

拳歌

鲍氏八极拳在习练中，有如下拳歌：头要顶，颈要挺，身要直，胯要坐。动作干脆，发力刚猛。挨、帮、挤、靠无处不到。

八极拳诀

拳似流星眼似电，腰如蛇形脚如钻；
闾尾中正神贯顶，刚柔圆活上下连；
体松内固神内敛，满身轻利顶头悬；
阴阳虚实急变化，命意源泉在腰间。

练功歌诀

一练拙力如疯魔，二练软绵封、闭、拨，
三练寸接寸拿寸出入，四练自由架式懒龙卧，
五练心肝胆脾肾，六练筋骨皮肉合。

步法歌诀

意要身正直，十趾抓地牢，

两膝微下蹲，松胯易拧腰，
两肘配两膝，八方任逍遥。
技击歌诀
上打云掠点提，中打挨戳挤靠，下打吃根埋根。
身不舍正门，脚不可空存，眼不及一目，拳不打定处。
贴身近发，三盘连击。
双羊顶肘人不识，双手捧合抱拳礼。
拉开硬功式无敌，开弓撮顶窝里炮。
翻顶两仪气鼓荡，狮子摇头小张口。
缠丝叠手十字拳，腰似蛇行平掌穿。
齐步坐胯朝阳掌，拧腰扭胯雄鹰立。
跺碾呲滑闭肘裆，白蛇吐信双掌合。
拉弓撮顶窝里炮，翻顶两仪起鼓荡。
扭转乾坤双揣裆，活步震脚翻提炮。
点掌提腿跑追风，翻缠扑手伏虎式。
砍掌白鹤亮双翅，震脚抖毛震八方。
摇臂呲滑挂肘忙，砸下跪膝南北极。
回身拥肘推山力，缩身转腰翻缠挎。
翻肘锤砸打血海，闭捞缠丝打撞锤。
回身挑掌单鞭扬，勾提震脚窝心顶。
闭捞缠丝打撞锤，缠丝仰掌托枪提。
鹞子入林底盘缠，起身崩肘浙江招。
仆步搂手单腿掌，反张朝阳使挂踏。
一字顶肘罗汉杖，挂提起掌站如松。
气沉丹田下按掌，极架行毕归无极。

◉ 传承发扬

为使鲍氏八极拳得到广泛传承发扬，在双街村的支持下，由鲍雅齐牵头，建立一套

建筑面积 200 平方米的双街鲍氏八极拳训练馆（2011 年） 双街村 提供

完备的武术组织机构，开辟训练场地，开始正规化训练。

协会与俱乐部 2006 年，鲍雅齐携其师兄弟在双街村成立天津市北辰区八极拳武术协会、双街八极拳武术运动协会和八极拳武术运动俱乐部。鲍雅齐任协会会长、俱乐部董事长、武术总教练，春燕任副会长。协会与俱乐部为组织与训练活动双兼身份。活动地点设在双街村双新大道与京津快速路交口处的天津市北辰区模范小学内。训练场地是 200 多平方米的室内训练馆，训练设施齐全，集健身、训练一体化。协会、俱乐部以发掘整理国粹、国术，传承、发扬、普及正宗八极拳为宗旨，以培养高端武术人才为目标，坚持“以德育人、以武会友、以传承发扬八极拳、弘扬中华武术”的办学理念，因人施教。

八极拳协会共有教练 16 人，是一支业务精湛、纪律严谨、实力雄厚的高素质教练队伍。鲍氏八极拳教练均为国家一、二级裁判，曾参加过多次国内比赛，以及国际比赛，并获得国家级、市级武术大赛的冠军。协会会长、俱乐部董事长、武术总教练鲍雅齐，副会长刘春燕，多次在国际比赛中获得冠军称号。协会教练员有知识、懂专业，有训练、比赛的实践管理经验，其中有 6 名教练为大学本科学历。有 12 名教练员获中国武术协会颁发的“武术段位考评员资格证书”，有 10 名教练员获中国武术协会颁发的“中国武术裁判员资格证书”。

八极拳武术协会成立后，学员们坚持训练，风雨无阻，在参加全市及国家级赛事中，不断取得优异成绩。2007 年 8 月，参加第五届浙江国际传统武术比赛，荣获金牌 17 枚、银牌 2 枚、铜牌 1 枚；10 月 3 日，在天津市南开区举办的迎奥运长虹杯首届传

协会成员获得的奖牌（2016 年）
北辰区八极拳武术协会　提供

统武术比赛中荣获 12 枚金牌。

2008 年 2 月 15—20 日，在香港举办的第三届国际武术比赛暨国际健身气功展示会上，来自日本、美国、德国、意大利、韩国、印尼等 20 多个国家和地区的 168 个代表队共 2000 余名队员参赛。鲍雅齐率领鲍氏八极拳队 18 名队员代表天津市出战，经 44 项单练、对打、技击、集体拳等拳术和器械比赛，夺取 54 枚金牌，并获最佳团队奖。其中队员刘春燕一人争得 7 枚金牌，年逾 60 多岁的王景洲获得个人全能前 8 名的殊荣。

2010 年，学员参加在沧州举行的第八届中国沧州国际武术节，获 12 金、9 银、11 铜。随后，由双街村牵头，组织“双盈杯”国际武术比赛等大型赛事中，均获得优异成绩，鲍氏八极拳术名扬海内外。在河南安阳举办的全国传统武术锦标赛上，双街八极拳武术协会的 20 名队员共获 12 金、7 银、5 铜，其中北辰区双街模范小学四年级女生赵凌爽一人独得少年组的 2 枚金牌。二年级学生提海涛参加天津市少儿传统武术比赛，获男子组冠军。

2011 年 4 月 9—10 日，吴钟八极拳研究会与河北电视台联合举办《神州擂》武术节目，在天津市北辰区双街模范小学武术馆举行“全国传统八极拳精英散手擂台选拔赛”，聘请中国武术九段、武术管理中心传统武术专家委员会副主任夏柏华等担任评委。

2013 年，北辰区八极拳武术协会被天津武术运动协会授予天津市突出贡献单位称号。是年 9 月，中国武术协会将天津市北辰区八极拳武术协会定为中国武术协会段位考点，并颁发证书。2016 年，鲍氏八极拳武术俱乐部被天津市体育局评为天津市武术训练基地。

鲍氏八极拳进校园　自古武术训练最重视童子功，基本训练必须从少年儿童开始。2007 年，在村党总支书记刘春海的积极协调和区教委的重视支持下，鲍氏八极拳被正式列入北辰区模范小学体育课教学内容，成为全国首例武术进课堂的非物质文化遗产，为体育教学多元化做出探索。

鲍雅齐将本门密宗技艺无私奉献，在传授功夫技能、培养学生强身健体、锻炼学生的韧性、锻炼学生意志的同时，讲授八极拳的发展历史以及中华武德文化，培养学生学习八极拳的兴趣和传承中国传统文化的优良品质。

八极拳进入模范小学后，作为一至六年级学生的必修课，每周安排 18 节课，有 4 个教练教拳，约 2000 余名师生习练。经过训练培养，五年级的李婷婷、四年级的庞德，2009 年参加天津市武术比赛均获冠军。

2012 年，鲍氏八极拳又被列入九十二中学的特色体育课程，实现中小学武术体育课接轨。作为初一至初三年级学生的必修课，有 2 名教练授课，约 1000 人学拳。是年，将鲍氏八极拳引入北辰区青少年宫教学课程。2015 年又推广至天津民族职专。

多年来，双街鲍氏八极拳训练传承，已经形成以北辰区模范小学为培训基地，以中小学生、武术爱好者、武警战士为主体，以协会向专业发展、学校向普及发展的八极拳训练模式。如今，双街八极拳爱好者已经有七八百人。每年小升初和中考，都有一批学员因曾经获得过国家大型武术比赛取得的优异成绩而考进天津市重点初、高中；高考时，每年都有学员以优异的武术专业成绩考入国家重点院校。至 2016 年，数十人考入北京体育大学、天津体育学院、天津理工大学、天津武警学院等院校，其中有 10 余人考进北京体育大学。

鲍雅齐辅导模范小学学生习武（2014 年）　　北辰区八极拳武术协会　提供

◉ 赛事活动

为弘扬中华民族传统文化，促进武术交流，不断提升双街鲍氏八极拳的水平与影响力，双街村及双街八极拳武术协会和双街八极拳武术运动俱乐部多次出资举办或承办全市乃至全国的武术大赛。

双街村举办赛事 2008 年 8 月，由双街村置业集团有限公司承办、在天津市南开大学举行的“双街置业杯”天津市首届民间传统武术大赛，参赛选手来自天津市、辽宁省、河北省及韩国、欧美等国家，共 1200 余人。双街八极拳武术运动俱乐部组织 200 余人在开幕式上进行八极拳表演。比赛中，其参赛人员共夺得 13 枚金牌、10 枚银牌、4 枚铜牌，并获团体总分第一名的成绩。

2009 年 10 月 31 日至 11 月 1 日，天津市北辰区模范小学承办第一届天津市“双街”杯传统武术大赛，为天津市历届武术比赛之最，吸引全市 40 多支武术代表队参赛，共颁发奖牌 1200 余枚。作为主办方的双街八极拳武术协会，获得团体总分、集体项目第一名，并获多枚单项比赛金牌。

华北地区“双街”杯传统武术大赛启动仪式（2011 年） 北辰区八极拳武术协会 提供

2011年10月31日至11月1日，第一届华北地区“双街”杯传统武术大赛举行，70多支武术代表队1000多名运动员参赛。双街八极拳武术协会会员以优异成绩名列前茅。

2013年10月2—5日，第二届华北地区“双街”杯暨天津市第四届“体彩杯”传统武术大赛在天津市第四十七中学体育馆举行，有180支代表队5000余名选手参加，双街村为赛事承办单位之一。比赛拳术有形意拳、八卦掌、八极拳、通臂拳、地躺拳、少林拳等9种，其中太极拳比赛又分为陈式、杨式、吴式、武式、孙式5种。单器械有刀、剑、棍、枪、朴刀、鞭杆、棒、拐、铲、叉，双器械有双刀、双剑、双鞭、双钩、双匕首、双钺，软器械有九节鞭、双节棍、三节棍、绳镖等。双街鲍式八极拳获此次大赛团体总分第一名。

2015年10月1—2日，第三届华北地区“双街”杯武术大赛在天津市第四十七中学体育馆举行。有北京、河北、内蒙古、山西、天津等地150支代表队的4200余名选手参赛，多为学生、工人、农民、医生、教师、公务员等。其中既有年过花甲的老者，又有十几岁的青少年。双街村为赛事承办单位之一，“双街”杯传统武术大赛已形成有特色、有影响的群众性体育文化品牌。

参加外省市赛事　双街八极拳协会亦多次参加其他地区和单位组织的武术大赛，其中参加全国性武术比赛有：2014年8月，参加在天津举办的第一届全国武术运动大会，北辰武协主席鲍雅齐担任了天津市传统武术队总教练，北辰区武协秘书长刘春燕担任解放军队总教练，荣获多枚金牌；2014年，参加第十一届全国武术套路比赛，协会成员两人参赛，荣获2枚金牌；2015年，参加“中信国安杯”第五届中国四川国际峨眉武术节暨第十二届全国武术套路比赛，协会成员2人参赛，获得对练第一名；2015年，参加在内蒙古举行的中国中学生武术锦标赛暨全国武术段位制比赛，协会参赛20人，获5个一等奖、10个二等奖、15个三等奖。

参加京津冀地区比赛：2014年，天津市津南区政府和天津市武术运动协会联合主办，天津市宏舜物业管理服务有限公司、津南区体育局、津南区旅游局、小站镇政府、天津市八极拳研究会等单位承办，在津南区举办首届“宏舜杯”传统武术比赛，来自天津、北京、河北三地的127个代表队近2000名武术选手参加。双街八极拳协会成员参赛人数50人，获金牌46枚、银牌42枚、铜牌16枚。2014年，参加天津市第十三届“智美杯”运动会武术套路大赛，协会组队参赛人数21人，获得金牌2枚、铜牌1枚。2015年，参加第二届“宏舜杯”传统武术比赛，双街八极拳协会成员参赛42人，获金牌34枚、银牌35枚、铜牌20

华北地区“双街”杯比赛现场（2013 年）
北辰区八极拳武术协会　提供

2015 年，第三届华北地区“双街杯”武术大赛开幕式
双街村　提供

枚。2015 年，参加天津市武术套路锦标赛，协会成员参赛 20 人，获得金牌 10 枚、银牌 13 枚、铜牌 8 枚。2016 年，参加天津市青少年武术套路锦标赛，协会成员参赛 34 人，荣获一等奖 20 个、二等奖 26 个、三等奖 17 个。2016 年，协会组队参加第三届“宏舜杯”传统武术大赛，43 人参赛，获一等奖 25 个、二等奖 24 个、三等奖 29 个。是年协会派出专业骨干进入武警六支队培训武警人员，并组织百名武警人员参加第二届全国武术运动大会开幕式集体八极拳表演，展示武警官兵的风采，为开幕式锦上添花，得到大会的一致好评。天津电视台为该次展演同步播放。

以武会友培养人才　经过 10 年的努力，至 2016 年，协会会员发展到 1000 余人，有 110 人获得段位，其中六段 12 人、四段近 100 人。在天津双街，多次接待了国外武术团体及武术爱好者，和国际武术爱好者交流、切磋，为中华武术走向国际奠定基础。协会、俱乐部人员曾多次被环球功夫网、武术杂侃、天津《渤海早报》《今日晚报》《每日新报》等报社，以及天津市综艺电台及电视节目报道。鲍氏八极拳进入北辰区模范小学后，学生多次参加由中央电视台、天津电视台等举办的大型公益表演几十场，得到了社会各界的广泛赞誉。

风土民情

自古以来，双街村民风质朴而醇厚，村民憨厚直爽、讲义气，乡土意识强，地域自豪感强。当代双街人尊重传统，摒除陈规陋习，审时度势，迎合时代发展潮流；崇尚科学，用 自己的勤劳智慧，创造精品特产；追求健康的生活，发展自己的饮食文化；发挥聪明才智，改变农村面貌，日子变得美好富足，生活节奏美妙而舒缓。双街村人更重视优良品德的传承，他们见义勇为、扶危济困、尊老孝亲、助人为乐、创业敬业、热心公益。良好的村风、民风，使双街人的物质生活和精神面貌发生了巨大的变化！

◉ 美食小吃

贴饽饽熬鱼 双街村地处北运河边，自然水产资源丰富。家家有吃鱼、虾的习惯，村里种的玉米是村民的主食。鱼多为野生的麦穗鱼、鲫鱼和小虾。铁锅贴饽饽熬鱼又叫一锅出，是双街村的风味小吃，也是村民家常便饭。随着时代变迁和环境的变化，这个美食也有所改进。鱼的种类和调料均有增加，有养殖的鲤鱼、泥鳅、嘎鱼、白鲢鱼等。鲜活的鱼，掏净内脏洗净后，放铁锅内用油煎透，然后把葱、姜、蒜、腐乳、醋、酱油、糖等佐料放入锅，大火烧开后，在锅边贴饽饽。饽饽是用玉米面掺上黄豆面和好的，面要和的偏软些，饽饽的形状有圆形、长圆形，贴的饽饽大就形容为“大鞋底子”，饽饽小就叫做“牛舌头”“狗舌头”。饽饽颜色金黄，底面一层是脆脆的嘎儿，上面松松软软。饽饽的一头沾有熬鱼的汤，鱼骨香酥，味道非常诱人。香喷喷的饽饽搭配鲜美的熬鱼，吃起来鲜香适口。

尕尕汤 尕尕汤，汤菜合一，清香浓郁，味道独特，是双街村一道老少皆宜的美食。因为做法简单，食材养生，味道鲜美，成为当地的小吃。主料是玉米面，辅料是面粉、鸡蛋。所用调料有盐、花椒粉、葱花、香菜、香油、食用油等。用温水把放入葱花、花椒粉的玉米面和好（稍硬点），挤成方饼条再切成小方丁。将切好的玉米面丁放入有干面粉的盆内摇匀，成方圆形。锅里放清水烧开，再倒入摇好的玉米面块。煮熟后，加入盐、香油、胡椒粉、鸡精，撒入香菜即可食用。

贴饽饽熬鱼（2016 年）
区志办　提供

菜团子　新中国成立前，双街村主要粮食是玉米，很单调的主食。村民想出玉米的很多不同吃法，其中一种名叫菜团子，做法简单，美味可口，流传了下来。

玉米面加温水，边倒水边搅拌。面和均匀后放在一边，用湿布盖着醒面。把野菜剁成细末放入盐等调料拌匀，面醒好后，抓一把放在手心，拍成面皮片，把菜馅放中间，边转面皮边往上拢，包成圆形的团子。上锅蒸熟即可。

菜团子（2016 年）
区志办　提供

随着生活水平的提高，馅料也多了选择，雪里蕻、豆角、白菜、茴香、韭菜、萝卜等。玉米粗纤维含量高，可以清理肠道垃圾，是现代人健康食品不错的选择。

素盒子　素合子营养丰富，老少皆宜，受到双街村民的喜爱。凡是能做馅料的食材都可以做素盒子，常见的有韭菜鸡蛋的。鸡蛋炒熟，放凉切碎；韭菜择洗干净，切小丁。鸡蛋、韭菜一起放适量的盐、鸡精、胡椒粉等调匀。面粉提前和好，像做饺子似的擀皮包馅，轻拍成扁状，大小形状随意，然后放锅上小火烤成两面金黄。根据个人喜好、口感，可以有很多种搭配：木耳、粉丝、韭菜、鸡蛋、酱豆腐的；粉条、香菇、香干、面筋、虾皮、白菜的。成品色泽金黄，口感香脆，味道鲜美。

素盒子（2016 年）
区志办　提供

煮螺蛳（2016 年）
区志办　提供

煮螺蛳　螺蛳又名田螺，当地俗称螺丝或嘎嘎牛。螺蛳底质松软，生活在水质清新的水域中，夏天生长最快。口感肥厚，脂肪含量低，吃法也是方便快捷，还有清热明目的养生功效，是一道夏季美味。双街村民喜欢水煮螺蛳的吃法。

旧时，螺丝生长的旺季，村民在竹竿上面套着一个网，到北运河捞螺蛳。很短时间，就收获不少。回到家，浸泡 2 天，让螺丝吐出体内的泥土。洗净放到锅里，加水搁盐，煮熟了吃。

随着养殖业发展，螺蛳人工养殖，村民一年四季都能吃上，做法也有很多变化。用小刀把螺蛳口的眼皮去掉，再用老虎钳子把尾部剪掉，锅内放入水、盐、料酒，然后放入螺蛳大火煮。熟了之后捞出淋干水分，锅内放入食用油，再放入姜末、蒜末、酱油、辣椒，倒入螺蛳翻炒，再放入葱末、味精后装盘食用。还有的是煮完了之后，放入面酱翻炒，口味独特。

夏季的夜晚，和家人做上一份煮螺蛳，配上啤酒，边吃边聊，是村民最喜爱的消遣方式。

◉ 土特名产

双街大白菜 20 世纪 60 年代末，双街村白菜种植面积 4.4 公顷，品种主要是青麻叶，其棵大、口感好。为保证蔬菜市场供应，大队每年储存大白菜。1977 年，储存 80 吨青麻叶白菜（阳畦长期储存）。

双街大白菜（2014 年）

刘建　提供

双街村蟹味菇生产车间（2011 年）

刘建　提供

80 年代，优质小核桃纹白菜种植面积扩大。90 年代，建立立体生态农业体系，生产无公害白菜。2014 年，村里开始为国家储备大白菜，冬储 1800 吨，以备急时之需。

双街蟹味菇 双街村种植的蟹味菇，表面近白色至灰褐色，中间常有深色的花纹。蟹味菇肉厚、质韧，口感极佳，具有独特的蟹香味。

双街村蟹味菇的种植，采取菇后废菌棒循环利用技术，将废菌棒（免费）提供给设施蔬菜种植基地进行土壤改良，用玉米芯、麸皮、棉花秆等秸秆资源，带动菇菌生产，实现公司加农户的生产经营方式；采用现代化工艺设施和人工模拟食用菌的生态环境技术，确保蟹味菇生产操作机械化、生产环境控制智能化、产品质量标准化。2012 年，投资 3000 万元，建设智能温室 1.5 万平方米，并配套硬件设施。2013 年，年生产能力达到 2.7 万吨。蟹味菇畅销国内外。

双街草莓 2009 年后，双街村生产的草莓个大、形状均匀、味道甜美。

2013 年，创新盆栽草莓，培育优质草莓，使培育出来的草莓颜色鲜、口感好，因适宜美化家庭阳台和观赏而受到市民欢迎。

双街葡萄 双街村投资 3000 万元建设的千亩葡萄基地，是全区最大的葡萄生产基地，每年葡萄产量 150 万千克。葡萄引进维多利亚、夏黑、无核白鸡心等高产优质的欧亚葡萄品种，运用先进的植物栽培技术，统一技术规范土肥水管理、整体修剪、病虫害防治等。施肥以有机肥为主，选用生物农药和低毒化学农药，保证了双街村生产的葡萄是无公害产品，且品相好、甜度高，市场销售抢手。

双街灵芝 北运河给予双街特有的自然环境，适合灵芝生长。双街现代大型生态灵

双街灵芝（2016 年）
刘建 提供

游客采摘双街草莓（2014 年） 刘建 提供

双街村葡萄喜获丰收（2014 年）
双街村 提供

芝种植园占地 6.67 公顷，有 40 个大棚。一排排种植整齐、从椴木中生长出的赤灵芝长势喜人，大朵的灵芝形状匀称，菌盖表面呈现出暗紫色，镶有金黄色的边线，走近灵芝，还能闻到一股类似干香菇的味道。灵芝产品深加工采用国内一流的生产线，自产自销。生产的灵芝孢子粉、破壁灵芝袍子粉、灵芝提取物等原料，销往美国、澳大利亚、日本等国家。

随着生活水平的提高，人们对健康的意识也有所提升。经功能试验证明，双街灵芝袍子粉有调节人体功能平衡、增加免疫力的保健功效，是逢年过节送给亲朋好友养生的不错礼品。

◉ 年货大集

双街村发展生产性服务业、消费性服务业和公共性服务业，建设现代服务业集聚区，推进新城区产业结构优化升级和经济社会全面协调发展。2015 年 2 月 8 日至 3 月 5 日春节期间，举办首届年货大集暨迎春庙会活动，利用节日带动更多的人到北辰“赶大集、看大戏”。

活动在双街古街举行，以发展地区经济为导向，服务民生为目的，以促进新老城区融合、拉动地方假日经济、活跃商品服务市场、丰富市民文化生活为主线，将春节年货交易、民俗文艺表演、百姓购物有奖活动相结合，多方联动，年货送到社区，文化送给居民，营造喜庆祥和的节日气氛，打造服务百姓的假日平台，为北辰区打造一张“假日名片”。

“看、玩、购、吃、游”五大活动贯穿大集始终。看：看大戏，特色表演，文艺演

双街村首届年货大集暨迎春庙会现场（2015 年）
区志办　提供

年货大集暨庙会上展销的蔬菜（2015 年）
双街村　提供

双街村年货大集暨庙会的民俗活动（2015 年）　双街村　提供

年货大集（2015 年）
双街村　提供

出；购：购年货，现场设置展位，展销精品年货，主要以双街村有机菜品、果品和稻米为主，有蔬菜彩椒、甘蓝、大白菜及草莓等 30 多种，都是当天采摘售卖，新鲜无公害，展品档次高，品种多；玩：有抽奖、互动等活动；吃：狗不理、三六九等多家知名老店开门纳客，现场设置特色风味小吃展位，美食加入到年货大集当中，以带动更多的人参与年货大集；游：中国最美丽休闲乡村双街村文化历史展览馆、天津石雕艺术博物馆、民俗展览馆、运河文化园、果蔬观光采摘园免费开放，让大家感受双街村风土人情。

双街古街逛庙会，锣鼓秧歌、民间杂耍等老天津味儿十足。庙会期间，举办了民俗踩街游、手工艺展览、十五闹花灯等特色活动，吸引大批游客到双街游玩购物。年货大集塑造双街村的旅游品牌，展示双街村的独特魅力，将双街打造成为全国知名的文化商圈；促进北辰区的文化发展，把保增长、扩内需、保就业、惠民生、推动城镇化进程落到实处，吸引更多的游客，开拓旅游新市场，拉动当地社会经济的综合发展；同时双街休闲观光旅游地位也能得到提升，为北辰区经济繁荣做出新贡献。

◉ 生活习俗

婚俗　新中国成立之前，村内男女婚姻均为父母包办，男女双方不用见面，全靠媒婆的一张嘴介绍。主家听着合适，再找合婚的先生，用双方的生辰八字和属相合一合，合适就定终身。男方选择结婚日期，多为阴历双日子。通知女方，并送聘礼。迎娶头一

双街村民举行婚礼（2009 年）　　杨爱荣　提供

结婚车队（2009 年）　　杨爱荣　提供

天，女方要“过嫁妆”，嫁妆送到男家，在院子里陈列供众人欣赏，然后收到新房。一般农户娶新娘用大车，车上围好席圈；富户人家用花轿或轿车。入洞房时，新郎、新娘吃半生不熟的饺子和面条，意为婚后生儿育女；请村里有儿有女的全和人儿往新人被褥里放枣、栗子、花生，意为“早立子，花着生”。婚后第四天，新娘回娘家，谓之“回四”。新中国成立后，国家颁布了婚姻法，实行婚姻自主，自由恋爱。

20 世纪 50 年代，迎娶方式简单朴素。新郎骑自行车到新娘家接新娘。新郎、新娘的服饰是同时代的服装样式，新娘的装扮在颜色上鲜亮一些，没有旧时的通体大红。60—70 年代，结婚仪式简单。家人在一起吃顿捞面，也有的家庭在家里摆几桌，招待亲朋。讲究三大件，即自行车、手表、缝纫机。80 年代后，人们经济收入提高，生活条件稍好，出现了结婚讲排场、大操大办之风。在迎娶的前一天，男家多支起大棚，垒砌炉灶，借来桌椅板凳和碟子碗筷等用具，摆桌庆祝。女方嫁妆讲究几大件：彩电、冰箱、洗衣机、组合音响、木兰轻骑等。新娘坐高级轿车，结婚仪式要录像，婚宴要摆几十桌，攀比之风甚浓。

20 世纪中后期，准备嫁妆的风俗逐渐消失，男女双方在平日积累生活用具，随时买来东西存放在新房。村内也尚有部分青年喜事新办，婚事从简，旅行结婚，举办集体婚礼等成为新时尚。

进入 21 世纪，结婚费也陡然攀升，男方费用包括买（建）房子、下聘礼，费用在三十万元至百万元不等。女方陪送汽车的不占少数。迎娶新娘用豪华的汽车，结婚当天新娘的装束在一日之内更换多套，开始穿白色婚纱，再更换其他样式的裙装，依各自意愿选择。随着人们对物质生活追求的提高，结婚礼物也讲究三大件，即房子、汽车和票子。

丧俗　旧时，村里实行土葬，传统丧仪繁杂。请一位专门操持丧事的人来代替主家操办，还要设立账房，专管白事当中的各种开支，记录账目，包括登记亲友送去的奠仪和挽联、花圈等，其后还要算清开销。请吹鼓手吹奏，使用唢呐、长号、大鼓、大锣、笙、管等。通常治丧时间为三日，其中分“小三天”和“大三天”。零时前亡为“小三天”，零时后亡为“大三天”。富豪及财主家治丧时间略长，曰“停五日”。病人弥留之际穿寿衣，移放灵床停外屋，大门外挂挑钱纸，孝子亲朋穿孝衣，跪在灵床前号丧。第二天午后入殓，长子媳妇来整容，此时不许掉眼泪。是日傍晚“送路”，焚烧纸牛（马），不能走回头路，众孝归，辞灵。出殡时街头行大礼，长子（长孙）打幡又摔盆。众人抬棺下坟地，离开村边哭声止，入土为安哭一场，抓把坟土埋亲人，回家迈火含块糖。三日圆坟须开门，七日烧期纸，五期烧花，六十日烧船葬礼结。死者周年为“忌日”，三年过后，每年清明填一次坟。至2017年，上述主要传统丧俗沿袭，但丧仪从简。

20世纪70年代末，始推行火葬，旧俗淡化。80年代，旧俗回潮。90年代，又增新陋俗，兴扎制“冰箱、彩电、空调、汽车、楼房别墅”等祭祀用品，待烧“五七”纸时祭奠焚烧。进入21世纪，治丧费用逐年增加，居高不下。

祝寿 村里人为长辈庆祝生日叫过寿。满60岁始称祝寿，从这一年岁开始子女们为老人隆重的过生日。逢十是大寿，如60大寿、70大寿、80大寿等。但这种大寿并非真正逢十，而是指59、69、79等逢九的岁数。人们为讨个吉利，形成这种庆九不庆十的风俗。

生日当天举家及亲朋好友同为老人祝寿。寿诞前一天包饺子，叫催生；生日当天吃捞面，是“长寿面”。亲戚朋友送寿桃、糕点、水果和酒等礼品前去祝贺。66岁诞辰谓过大寿。随着生活水平逐年提高，长寿的老人居多，年过古稀的老者很常见，年过80岁、90岁、100岁的耄耋老人越来越多。随着生活节奏变快，大家聚少离多，生日当天也成了亲戚朋友聚会的饭局，大家欢聚一堂，其乐融融。

庆生 旧时，双街村孩子出生后，先是在窗子上挂上红布条，意思是驱邪。孩子的爷爷奶奶家还要带上面条、柿子、苹果到孩子姥姥家送信儿。生了男孩儿，把礼物放桌上；生了女孩儿，放在锅台上。孩子出生3天，亲朋好友要送鸡蛋、挂面、藕粉、红糖等，主家收到礼物后要回一些礼，然后要请亲朋吃面条表示祝贺。女孩出生9天、男孩出生12天，孩子的姥姥家要送去发面大饺子，叫做给产妇捏骨缝。孩子满月，即男孩过29天、女孩30天要摆宴席庆贺。

孩子一百天也叫“百岁儿”，姥姥家要给孩子买长命锁、手镯、脚镯，要送面条、鲫鱼。还要做一百个炸糕，分发给亲友邻居吃，先发给刘姓家庭，为的是取谐音把孩子留住。

孩子周岁时，亲朋好友要送上小孩衣服、毛毯、布料等，孩子姑姑给买鞋，孩子姨给买袜子，姥姥或者舅妈给买衣服，叫做：姑姑鞋，姨娘袜儿，姥姥、舅妈买马褂儿。随着生活水平的提高，“百岁儿”送东西的少了，亲朋好友送红包礼金，主家请客都是在饭店招待。

孩子百岁照（1983 年）
杨爱荣　提供

礼俗　新中国成立以前，平辈村民见面拱手，子女见长辈须作揖道福；男称“先生”，女称“小姐、女士”。20 世纪 50 年代后，双方见面寒暄，握手致意，一般称“同志”或者“师傅”；对年岁大者称“大爷、大娘”；对女性常称“大姐”，对男人常称“大哥”；有时不分大小。村内有的男人结拜盟兄弟，女人结拜干姐妹，认干爹、干娘者也不乏其人。60 年代后，拜把子、认干亲的逐渐减少。90 年代后，学校师生间，小学生向老师行少年先锋队礼，大学生向老师问好打招呼。随着生活节奏加快，社会文明程度不断提高，村民之间见面时的语言也有很大变化，从见面就问“吃饭了吗？”“你要去哪里啊？”演变成简洁的“你好”。双方会聊上几句，“好久不见最近还好吗？”“你看上去精神不错”“最近在忙什么？”

村里多数人和人之间是互相认识熟知的。村民结伴去集上采购、售卖物品，一起下地干农活。想要去找谁有点事情，就直接去家里。串门要先在院中打招呼才可入室。进入 21 世纪，拜访前先预约时间。如确需临时造访或推迟拜访，征得主人同意并表示歉意。

食俗　新中国成立前，村民生活贫寒，吃糠咽菜是常事，基本上是食不果腹，只要是吃的都拿来充饥。新中国成立初期，生活仍贫困，粗茶淡饭。20 世纪 50 年代初，物质短缺，挖野菜、采榆钱，吃饱为主。60—70 年代，大米白面很少，主食为玉米面窝头、稀饭、咸菜，包饺子、捞面是改善伙食的佳肴，吃鱼要到靠夏秋季自己打捞，以“熬鱼贴饽饽”为美食，大锅做饭，讲究一锅熟。只有逢年过节或招待亲朋时才食用少量猪肉、羊肉。村民买肉都喜欢肥一点的，油多。90 年代，包饺子、捞面、大米饭、炖肉为家常便饭，贴顿饽饽为换换口味，算是改善。每日三餐，早点到街上购买，以烧饼、馃子、煎饼果子、浆子、老豆腐、锅巴菜等为主。午饭，主食以米饭、馒头、烙饼为主，饽饽次之，饺子、捞面为调剂饮食。菜分多种，以白菜、土豆为主。

20 世纪 90 年代末，百姓餐桌常见煎、炒、烹、炸美味佳肴。买肉喜欢瘦点儿的，吃着健康。晚上多吃粥类，干稀搭配。进入 21 世纪，农民的饮食需求多样化，讲究营养搭配，主食以细粮为主，粗粮为辅，鱼、肉、蛋、蔬菜等副食品丰富，南方的稀罕菜蔬也上了餐桌。菜市场、超市、大卖场食品应有尽有。村内居民对吃的要求越来越讲究，既要“吃好”，还要吃出健康，讲究营养均衡，粗细搭配，口味清淡，多吃蔬菜水果，少吃高脂肪、高胆固醇食物。野菜、粗粮成为村民常吃的健康食品。

村里沿袭的食俗多与传统的农历年节及节气有关。腊月初八（腊八节），吃“腊八粥”；是日以醋腌蒜，谓“腊八醋（蒜）”。腊月二十三，祭灶，吃年糕，或吃饺子及其他膳食（俗称年糕粘，也谓“过小年”）。自腊月二十七日起，春节年味逐日渐浓。传承的歌谣云：“二十七，宰公鸡；二十八，白面发；二十九，贴道酉；三十晚上坐一宿。”吃年（夜）饭，为一年之中最为丰盛的膳食。

自正月初一（春节）至正月初九，有膳食歌谣云：“初一饺子，初二面（捞面），初三合子往家转，初四烙饼炒鸡蛋，初五吃饺子（俗称剁小人）”。正月初八、初九均吃合子，有歌谣云：“合子夹八，越过越发；合子夹九，越过越有”。正月十五（元宵节），吃元宵；正月二十五（填仓节），吃形似老鼠、刺猬等面食。二月初二（中和节），吃“焖子”。

立春之日，烙薄薄的春饼炒豆芽菜，卷着吃，谓春卷。五月初五（端午节），吃粽子。夏季入伏，有膳食歌谣云：“头伏饺子，二伏面，三伏烙饼炒鸡蛋”。立秋之日，吃西瓜，谓“咬秋”；包饺子吃肉，是咬秋耳朵“添秋膘”。八月十五（中秋节），烙糖饼、吃月饼。立冬也讲究吃饺子，谓立冬吃饺子不冻耳朵。

◉ 岁时节俗

村内传统节日（以汉族习俗为主）有12个。即春节，正月初一；元宵节（上元节），正月十五；填仓节，正月二十五；中和节（龙抬头），二月初二；清明节，三月间；端午节，五月初五；中元节（俗称鬼节），七月十五；中秋节，八月十五；重阳节，九月初九；寒衣节，十月初一；腊八节，腊月初八；扫尘节，腊月二十五。

◉ 方言土语

双街村方言为北辰区武清方言片，与武清县杨村话相似，在全国方言片区上属北京官话区怀（来）承（德）片。

地方俗语

王老大套西葫花，不惯它穷毛病 解放初期，农民王老大在自家菜园种了西葫，需要扣花（人工授粉），扣花时应把雄花的雄蕊插在雌花的雌蕊柱头上，才能完成授粉结出西葫。由于王老大不懂得这一科学道理，在扣花时常常雌雄不分瞎插乱扣。好心人看见后，告诉他正确方法，他不听，还理直气壮地说："我王老大套西葫花，不惯它穷毛病"。后来就成为人们的口头语了，用来讽刺那些做事蛮干，不讲科学的人；也用来表示做事坚决，不牵强、不让步、不犹豫的人。

谚语

立冬不砍菜，必定要受害。

大旱小旱，旱不过五月十三。

小雪封地，大雪封河。

蚂蚁搬家蛇过道，大雨要来到。

燕子钻天蛇过道，水缸穿裙山戴帽。

清明时节乱了坟前地，大风要刮七七四十九。

十年树木，百年树人。

跟着好人学好人，跟着巫婆学跳神。

人过留名，雁过留声。

南京有棵大柳树，北京有个沈万三，人的名，树的影。

一日夫妻百日恩，百日夫妻似海深。

磨刀不误砍柴工。

七月十五定旱涝，八月十五定收成。

九月九牛羊满地走。

八月八蚊子嘴开花，七月七蚊子还似小钢钉。

清明前后，种瓜种豆。

美不美家乡水，亲不亲故乡人。

火烧云，晒死人；云吃火，没处躲。

包子有肉不在褶上。

不怕慢，就怕站。

不怕初一下雨，就怕初二阴天。

八月十五云遮月，正月十五雪打灯。

头伏萝卜，二伏菜，三伏里头种荞麦。

白露早，寒露迟，秋分麦子正当时。

众人拾柴火焰高。

庄稼一枝花，全靠肥当家。

有牛使牛，没牛使犊。

歌谣

小老鼠上灯台儿，偷油喝，下不来，买个包子哄下来。

点呀点，点牛眼，牛眼花，买菜瓜。菜瓜苦，买盐卤。盐卤咸，买只船。船没底，买只笔。笔没头，买头牛。牛没甲，买匹马。马没鞍，上泰山，泰山有只虎，专咬小孩你不走。

小耗子上缸沿儿，拿小瓢儿，舀白面儿，烙薄饼，炒鸡蛋儿，不吃不喝分两半儿。

狼来啦，虎来啦，和尚背着鼓来啦。往哪藏？往庙藏，一藏藏个小二郎。二郎二郎你看家，我到南堤采梅花。一朵梅花没采了，拾个元宝往家跑，你说好不好？

拉大锯，扯大锯，姥家门口唱大戏。接闺女，叫女婿，小外孙子儿你也去。

小小子，坐门墩，哭着喊着要媳妇。要媳妇干什么？点灯说话，吹灯睡觉。

飞机飞得高，鬼子（指日本侵略者）要挨刀。飞机飞得矮，鬼子要挨宰。

说胡话，倒话胡，公牛下个母牛犊，聋子哭，哑巴喊，瘸子出来往外赶，一赶赶到老李家。老李家去赶集，骑着口袋扛着驴，东西道南北走，家家胡同人咬狗，拾起狗头砍砖头，拾起砖头咬一口。

歇后语

李四爷得孙子——巧儿劲

李同林打刘普——晚了

谢大爷卖大糖——这老根

项勇叫门——狗食到家

郑祥叫门——寒碜到家

兔子不拉屎——碱地

烙饼炒蚂蚱——家（夹）吃去

丈二的和尚——摸不着头脑

光着屁股坐搓板——板儿是板儿，眼儿是眼儿

大姑娘裁裤子——闲时忙用

挑水回头——过井（景）

老和尚看过嫁妆——转世来年

剃头挑子——一头热

扬场簸箕——不用提

猫儿眼——总变

一百斤面蒸一个大寿桃——废物点心

攥拳头拉屎——暗使劲儿

赵二扛房檩——顶这儿了

半夜里下馆子——有嘛算嘛

擀面杖吹火——一窍不通

娶媳妇赁棺罩——没有办事人

老妈抱孩子——人家的

拾麦子不腰疼——该吃这碗饭

猴拿虱子——瞎掰

水筲没梁子——饭桶一个

王老汉的裤腰带——稀松二五眼

苍蝇尥蹶子——小踢蹬

狗拿耗子——多管闲事

狗带嚼子——胡勒

八月十五撒黏糕——就枣（早）

喇嘛庙的和尚——横宽

村民生活

古代双街因地处漕运要道，村民以服务漕运和粮菜种植为主要生计。清末修通京津间铁路，由于路基加高，阻泄洪汛，影响耕作，造成大面积良田托硷，杂草丛生。加之废除漕运、战乱连年，灾害频发，村民极度穷困，多数靠挑八股绳、打八岔（干杂活）维持生活。

新中国成立后，走集体经济道路，双街村通过农业合作化，大搞农田基本建设，解决了温饱问题。1979 年后，农村实行家庭联产承包责任制，双街村工农业发展步伐加快，村民收入逐步提高。1996 年后，村集体实力增强，村民生活明显改善。2006 年，成年村民均已参加医疗、养老保险。2009—2016 年，村民享受到十多种福利，衣食住行用等方面走在北辰区乃至天津市前列。

双街村实现了从温饱型向小康型的转变，村民生活幸福无忧。

◉ 村民收入和支出

村民收入 1949年前，双街村无大地主，富裕户产业有限，经济收入靠地租、放债和做买卖，家业殷实。绝大多数穷人靠扛活、租地、做小生意来维持生计，收入甚微，极为贫困者沿街乞讨。

2007年，双街村村民领取老年退休金　　双街村　提供

新中国成立后，村民拥有自己的土地，劳动积极性高涨，生活得到改善，人们能吃饱穿暖。60—70年代，村民生活水平略有提高，但是仍停留在解决温饱上，村民始终处于低收入水平。农民参加生产队劳动，按天出工，日日记分，年终结算，一次分红。有的年景，北辰区内收入高的生产队每个工分的分值达到5角钱，而双街的分值只有5分钱，是北辰区有名的穷困队。劳动力多的家庭，年底扣除口粮款后略有余额，劳动力少、子女多的家庭收支倒挂，不但不能分红，还欠生产队款。

1963年，全年村民人均所得只有57元。1965年，村民人均所得79元，平均每人每年增加11元。1966年“文化大革命”时期，坚持“以阶级斗争为纲”，经济发展缓慢。1976年，村民人均所得143元，比1966年的96元增长47元。1978年，村民人均所得187元，比1976年143元增加44元，年均增加22元。1979年人均所得224元，比1978年的187元增长37元。

1979年后，农村推行经济体制改革，实行家庭联产承包责任制，分田到户。工农业迅速发展，农村经济收入成倍增长。村两委班子适应市场经济的需要，调整产业结构，发展多种经营，大力发展养殖业、个体运输业、个体手工业、私营商业。农民劳动致富，生活大为改善。1980年，村民人均纯收入216元。1994年，人均纯收入达到2670元，是1980年的12.36倍。1996年，村民人均年收入提高到3809元。2000年，村民人均纯收入5910元。2006年，村民人均年收入增长到1.8万余元。2007年，村民人均纯收入2万元。2011年，村民人均收入2.6万元。2014年，村民人均所得4万元，村民生活实现了从温饱型向小康型的转变。2016年，村民人均所得5.5万元，村民生活幸福安逸。

村民支出　1949前，村民生活贫困，收入极低，家庭支出少之甚少。新中国成立后，村民尽管解决了温饱问题，但经济收入还是很低，家庭支出也局限于购买油、盐、酱、醋等生活用品方面。改革开放后，工农业迅速发展，村民的经济收入增加了，家庭支出也相应有所提高。进入21世纪，村民的生活发生了翻天覆地的变化，每个家庭经济收入翻几倍增长。收入增加了，生活品位也随之提高，出现了支出多样化。2007年始，双街村被农业部选为全国固定观察点，对村内50户家庭每月进行支出跟踪调查，调查分为村民食品支出、生活消费支出、用品支出，至2016年已10年。根据村民生活支出情况，以10户家庭合计为例：2009年，村民食品支出，其中粮食支出4475.7元、成品主食支出2015.1元、蔬菜支出9692.1元、植物油支出2853.4元、猪肉支出7168.5元、牛肉支出1616元、羊肉支出2549.5元、牛羊奶支出2593.6元、家禽支出1179.4元、蛋类支出 3227 元、鱼虾支出 3814.1 元、水果支出 7970.2 元、副食调料支出 2539.9 元、在外饮食 2.90 万元等；村民生活消费支出，其中衣服支出 4.89 万元、服饰支出 4852.6 元、住房支出 13.82 万元、理容洗澡等支出 2719 元、补课娱乐费等支出 1.31 万元、旅游支出 7281 元、交通通信支出 1.16 万元、赠村内（村内分子）支出 2.53 万元、赠村外（村外分子）支出 4.53 万元等；村民用品支出，其中日用品支出 7981.1 元、大型家具支出 2650 元、移动电话支出 4850 元、其他支出 1437 元等。

2013 年，村民食品支出，其中粮食支出 1.03 万元、成品主食支出 1668.5 元、蔬菜支出 1.72 万元、植物油支出 5536.5 元、猪肉支出 1.23 万元、牛肉支出 3637 元、羊肉支出 4487.8 元、牛羊奶支出 6320.3 元、蛋类支出 4115.5 元、鱼虾支出 9768 元、水果支出 9831 元、副食调料支出 4283.3 元、在外饮食支出 6.25 万元等；村民生活消费支出，其中衣服支出 4.45 万元、服饰支出 2293.5 元、住房支出 10.77 万元、理容洗澡等支出 1999 元、补课娱乐费等支出 4744 元、旅游支出 2.26 万元、交通通信支出 3.10 万元、赠村内支出 7.38 万元、赠村外支出 5.65 万元等；村民用品支出，其中日用品支出 7660.9 元、大型家具支出 6.65 万元、其他支出 1.29 万元等。

2013 年，粮食支出是 2009 年的 2.29 倍，蔬菜支出是 2009 年 1.78 倍，猪肉支出是 2009 年的 1.72 倍，牛肉支出是 2009 年的 2.25 倍，羊肉支出是 2009 年的 1.76 倍，牛羊奶支出是 2009 年的 2.44 倍，鱼虾支出是 2009 年的 2.56 倍，水果支出是 2009 年的 1.23 倍，在外饮食支出是 2009 年的 2.15 倍，旅游支出是 2009 年的 3.1 倍，赠村内支出是 2009 年的 2.91 倍，赠村外支出是 2009 年的 1.25 倍，大型家具支出是 2009 年的 25.11 倍，其他支出是 2009 年的 8.95 倍。

村民们在超市购买蔬菜、水果（2016 年）　双街村　提供

村民们在超市购买鱼、肉、海鲜（2016 年）　　双街村　提供

2016 年，村民食品支出，其中粮食支出 8313.7 元、成品主食支出 2343.3 元、蔬菜支出 1.91 万元、猪肉支出 1.79 万元、牛肉支出 5778 元、羊肉支出 9606 元、牛羊奶支出 1.51 万元、蛋类支出 5784.8 元、鱼虾支出 1.33 万元、水果支出 1.37 万元、副食调料支出 6488.2 元、在外饮食支出 8.52 万元等；村民生活消费支出，其中衣服支出 6.00 万元、服饰支出 4836 元、住房支出 6.27 万元、理容洗澡等支出 4742 元、旅游支出 4.09 万元、交通通信支出 2.99 万元、赠村内支出 10.35 万元、赠村外支出 4.32 万元等；村民用品支出，其中日用品支出 1.43 万元、大型家具 7800 元、其他支出 2.80 万元等。

2016 年，粮食支出是 2009 年的 1.86 倍，蔬菜支出是 2009 年的 1.97 倍，猪肉支出是 2009 年的 2.5 倍，牛肉支出是 2009 年的 3.58 倍，羊肉支出是 2009 年的 3.77 倍，牛羊奶支出是 2009 年的 5.84 倍，蛋类支出是 2009 年的 1.79 倍，鱼虾支出是 2009 年的 3.48 倍，水果支出是 2009 年的 1.72 倍，副食调料支出是 2009 年的 2.55 倍，在外饮食支出是 2009 年的 2.94 倍，衣服支出是 2009 年的 1.23 倍，旅游支出是 2009 年的 5.62 倍，赠村内支出是 2009 年的 4.09 倍，日用品支出是 2009 年的 1.79 倍，大型家具支出是 2009 年的 2.94 倍，其他支出是 2009 年的 19.47 倍。

2016 年，蔬菜支出是 2013 年的 1.11 倍，猪肉支出是 2013 年的 1.45 倍，牛肉支出是 2013 年的 1.59 倍，羊肉支出是 2013 年的 2.14 倍，牛羊奶支出是 2013 年的 2.39 倍，蛋类支出是 2013 年的 1.41 倍，鱼虾支出是 2013 年的 1.36 倍，水果支出是 2013 年的 1.39 倍，在外饮食支出是 2013 年 1.51 倍，衣服支出是 2013 年的 1.35 倍，旅游支出是 2013 年 1.81 倍，赠村内支出是 2013 年的 1.4 倍，其他支出是 2013 年的 2.18 倍。

2009 年双街村部分村民食品支出情况表

表 7

单位：千克、元

姓名	单位	主食支出		副食支出															在外饮食
		粮食	成品主食	蔬菜	豆制品	植物油	猪肉	牛肉	羊肉	牛羊奶	家禽	蛋类	鱼虾	水果	副食调料	烟	白酒	啤酒	其他副食	
鲍春山	千克	239.6	14.5	369.8	9	31	15.9	3	2	20	1	62	7	42.35	0	0	10	8.3	0	0
	元	816.1	396.2	893.4	37	378	322.6	96	72.5	150	8	348	110	256.1	175.9	0	500	108	164.6	856
管树忠	千克	25	6.5	129.9	0	0	37.8	1.12	2.5	84.6	1.4	24.1		83.2	1.5	2.5	24.5	4	78	0
	元	60	123.3	755.2	0	0	816.2	80	74	718.6	51.3	179	383.6	771.6	378.8	423.2	676.9	36	1193	530
鲍福林	千克	368	18.6	227.5	13.35	39.95	42.75	0	7.25	38.96	20.18	61.4	20.3	138.7	0	0	18.5	19.32	0	0
	元	1060	243.2	748.2	52.5	383	794	0	104	186.5	162.5	387	109	514.5	98.8	835	330	440	984.8	982.5
刘春生	千克	9.3	0	72.8	2.5	10	3.36	0.25	0.4	5	1.2	12.3	10.15	90.32	0	0	1	0	0	0
	元	72	88	209.9	11.8	110	67.5	17	15	42	50	81	456	615.4	41	0	1180	0	1215	2907
鲍景鹏	千克	74.5	3.5	394	12.7	7	98.6	11.5	15.87	83.54	4.85	69.1	13.3	99.1	1	0	35	4.5	0	0
	元	250.6	69.5	870.4	54.2	319.8	1517	263	376	957.5	92	444	261	504.1	363.8	4061	3519	23	862.1	3471.7
刘家洪	千克	111.3	0	247.9	8.5	4.2	38.25	5.6	17.02	24.14	7.13	34.6	23.7	136.8	0	0	12	47.12	0	0
	元	277	514.4	809.2	49.5	61	752.5	165	577	144	141.1	172	244.5	622.6	72.6	0	635	455	744.9	6682

续表 7

姓名	单位	主食支出		副食支出																	在外饮食
		粮食	成品主食	蔬菜	豆制品	植物油	猪肉	牛肉	羊肉	牛羊奶	家禽	蛋类	鱼虾	水果	副食调料	烟	白酒	啤酒	其他副食		
鲍克宝	千克	150	0	237.2	3.3	30.5	26.25	22.5	20.94	32	7.1	31.8	39.75	157.5	0	0	10.5	37.5	0		0
	元	357	33.5	499.8	15.8	421.6	451.7	629	733	245	95.5	182	742	677.4	317	1310	524	247.5	1170		891
刘树江	千克	187.5	0	227.9	1	52.7	45.55	1	6.55	14	4.66	63.8	21	242.9	0	0	12	8.28	0		0
	元	488	35	1089	4	612	900	36	204	42	136	361	305	1839	503	90	800	112	771		4769
董秀华	千克	99	0	511.4	45.25	38.5	51.9	5.55	5.41	18.2	9.25	127	48.05	274.7	0	0	11	8.2	0		0
	元	354	496	2457	272	415	926	180	199	80	306	728	689	1674	374	1219	716	45	1941		6661
管树纪	千克	258	0	424.5	15.59	11.5	34.05	5	6.78	9.3	8.9	62.5	37.65	113.6	0	0	14.5	6.8	0		0
	元	741	16	1360	77.5	153	621	150	195	28	137	345	514	495.5	215	0	837	60	315.5		1267
合计	元	4475.7	2015.1	9692.1	574.3	2853.4	7168.5	1616	2549.5	2593.6	1179.4	3227	3814.1	7970.2	2539.9	7893.2	9717.9	1526.5	9361.9		29017.2

说明：以 10 户家庭为例

2013年双街村部分村民食品支出情况表

表8　　　　单位：千克、元

姓名	单位	主食支出		副食支出																在外饮食
		粮食	成品主食	蔬菜	豆制品	植物油	猪肉	牛肉	羊肉	牛羊奶	家禽	蛋类	鱼虾	水果	副食调料	烟	白酒	啤酒	其他副食	
鲍春山	千克	437	3	296.15	11.25	128.5	56.15	12	10.35	87.14	6.65	48.55	25.25	73.5	0	0	10	6	0	0
	元	2152	181.2	1637.4	88.5	2447	1026.6	640	582	1169	166	418.5	828	568.8	647.1	315	500	50	1223	2760
管树忠	千克	82.2	0	170.9	2.5	0	38.01	0	2.2	121	0	35.9	25.3	86.1	0	0	26	0	0	0
	元	448.3	72.3	1041.4	18	0	1340.3	0	150.8	842.5	0	298	1012	701.5	347.2	3245	690.3	0	712	1037.1
鲍福林	千克	101.5	10	381.25	12	16	46.75	6.9	4.45	88.1	5.9	75.7	10.5	222	0	0	0	22.8	0	0
	元	681	312	1941.5	74	278	1328	360	275	748	154	1128	346	1420	385	1555	0	138	2214	1697
刘春生	千克	134.8	0	177	26	17.55	10.75	9.5	2.15	5.65	1.75	29.6	18.3	127.6	0	0	0	5.4	0	0
	元	698	579.9	926.3	188.4	297.5	331	616	137	103	82	274	942	852.7	194.6	1220	0	65	1453	5255
鲍景鹏	千克	88.5	0	258.9	18.2	10	66.95	13.9	16.58	91.8	2.9	45.5	28.1	110.5	0	0	0	0	0	0
	元	439	103.5	1864	124	160	2120	707	1044	2400	81	373	1735	1023	706	730	0	0	4417	14420
刘家洪	千克	332.5	0	419.1	2.5	26.5	34	3.9	14.25	3.5	2.7	36.6	32.75	80.25	0	0	0	20.5	0	0
	元	1516	64.6	848.9	14	468	1078	210	860	202.8	69.8	296	1236	584	560.4	0	0	136	806.2	7877.5

续表 8

姓名	单位	主食支出		副食支出																	在外饮食
		粮食	成品主食	蔬菜	豆制品	植物油	猪肉	牛肉	羊肉	牛羊奶	家禽	蛋类	鱼虾	水果	副食调料	烟	白酒	啤酒	其他副食		
鲍克宝	千克	194	0	161.2	3	25.5	33.8	7.8	11.5	37	2.65	43.3	27.3	57.1	0	0	6	18	0		0
	元	976	28	869	19	491	1042	520	709	447	84	357	1072	420	207	900	24	87	486		5745
刘树江	千克	173	0	366.2	1	45.5	65.11	7.4	8.05	7	5	39.1	23.5	210.8	0	0	10.3	89	0		0
	元	950	139	1743	14	756	2162	390	507	91	136	328	1190	2115	623	0	1100	588	1157		4970
董秀华	千克	219	0	578.7	31.5	20	27.6	0	1.05	14.5	0	31.7	14.5	162	0	0	0	5	0		0
	元	1183	168	3952	209	274	860	0	73	162	0	272	599	1454	480	979	0	580	556		12904
管树纪	千克	259	0	369.25	0	20	34.95	3.2	2.5	15	1.5	47.5	30.5	87.2	0	0	7.5	0	0		0
	元	1226	20	2388	0	365	1047	194	150	155	30	371	808	692	133	245	606	0	490		5831
合计	元	10269.3	1668.5	17211.5	748.9	5536.5	12334.9	3637	4487.8	6320.3	802.8	4115.5	9768	9831	4283.3	9189	2920.3	1644	13514.2		62496.6

说明：以 10 户家庭为例

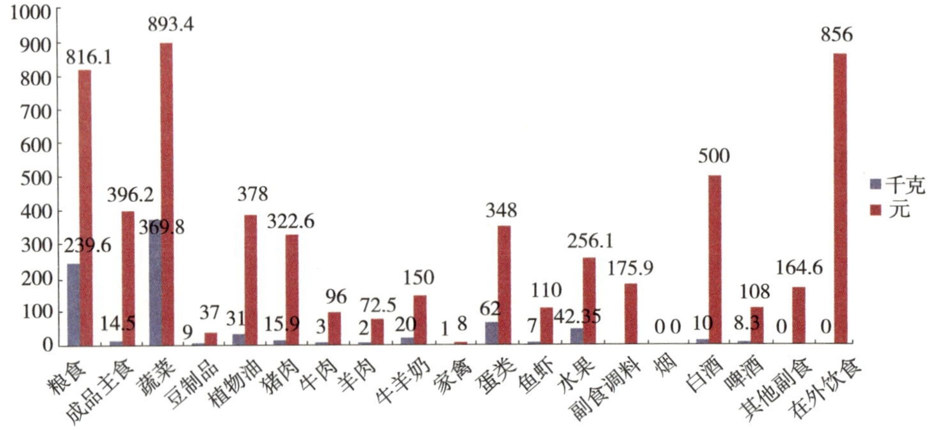

2009 年双街村村民鲍春山食品支出情况图

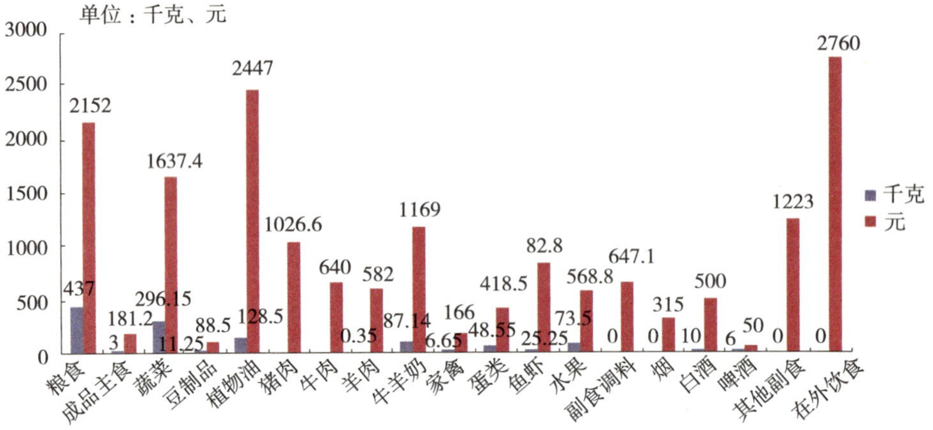

2013 年双街村村民鲍春山食品支出情况图

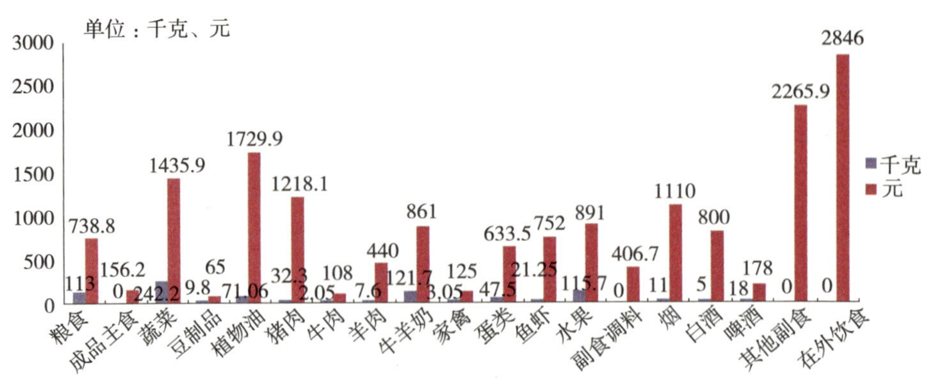

2016 年双街村村民鲍春山食品支出情况图

2016 年双街村部分村民食品支出情况表

表 9 单位：千克、元

姓名	单位	主食支出		副食支出																在外饮食
		粮食	成品主食	蔬菜	豆制品	植物油	猪肉	牛肉	羊肉	牛羊奶	家禽	蛋类	鱼虾	水果	副食调料	烟	白酒	啤酒	其他副食	
鲍春山	千克	113	0	242.2	9.8	71.06	32.3	2.05	7.6	121.7	3.05	47.5	21.25	115.7	0	11	5	18	0	0
	元	738.8	156.2	1435.9	65	1729.9	1218.1	108	440	861	125	633.5	752	891	406.7	1110	800	178	2265.9	2846
管树忠	千克	84.6	0	299.5	11.5	20	54.6	13.9	11.2	110	6.06	66.9	43.6	143.4	0	18	6	0	0	0
	元	445.9	218.1	1799.1	73	455	1963.1	470	645	995.6	190	737.3	1818	1118	500	1260	480	0	1558	4007.9
鲍福林	千克	131.9	0	213.2	11.85	33.65	23.35	4.4	11.3	46.06	4.1	63.65	17.85	124	0	15	2.5	26	0	0
	元	748	291	1131	85	769	755	230	621	374	160	553	518	953	507	1490	102	190	1807	1293
刘春生	千克	72	0	346.1	0.5	40.5	52.26	3.6	5.6	78.68	8.91	33.8	44.5	128.8	0	3	17.5	0	0	0
	元	462	521	2149	3	598	1690	175	298	1017	323	289	1512	1077	272.5	248	1768	0	1922	7879
鲍景鹏	千克	185.5	0	265.9	7	35	78.76	18.5	27.5	100.5	8.8	79.3	22.6	256.2	0	36	0	0	1.5	0
	元	883	258	1731	53	818	2818	1100	1490	8562	225	654	1725	2508	1229	3680	0	0	4582	15415
刘家洪	千克	269	0	235.3	6.5	36.1	56.3	15.1	32.1	25.14	2	39.5	29.5	199	0	4	0	0	0	0
	元	1048	51	1167	34	812	2346	811	1895	241	90	347	955	1720	689	600	0	0	675	14037

续表 9

姓名	单位	主食支出		副食支出																在外饮食
		粮食	成品主食	蔬菜	豆制品	植物油	猪肉	牛肉	羊肉	牛羊奶	家禽	蛋类	鱼虾	水果	副食调料	烟	白酒	啤酒	其他副食	
鲍克宝	千克	203.5	0	253.1	7.5	40	54.6	18.9	18.06	62.72	8.35	55.3	37.25	101.2	6	15	8.5	21	0	0
	元	887	123	1552	57	718	1496	1130	1329	702	383	446	1791	870	407	1172	502	154	898	9347
刘树江	千克	319.5	0	622.6	15	25.5	68.8	13.1	25.65	111.9	26.85	90.5	43.9	258.8	0	0	9	48	0	0
	元	1587	244	2289	105	647	2602	766	1426	1593	673	1059	1823	2100	1280	0	1731	637	1405	5679
董秀华	千克	137	0	497.9	89.05	31	48.15	6.7	8.6	44.2	3.3	68.5	32.7	229.2	0	37	0	0	0	0
	元	791	328	3068	584	737	1658	348	485	393	122	554	1526	1845	862	3222	0	0	1267	17479
管树纪	千克	149.6	0	465	12	35.5	41.57	12.5	17.58	81.94	4.46	58.5	27.6	83.39	0	0	15	0	0	0
	元	723	153	2778	78	631	1363	640	977	398	212	512	862	613	335	0	1800	0	1091	7213
合计	元	8313.7	2343.3	19100	1137	7914.9	17909.2	5778	9606	15136.6	2503	5784.8	13282	13695	6488.2	12782	7183	1159	17470.9	85195.9

说明：以 10 户家庭为例

2009 年双街村部分村民生活消费支出情况表

表 10　　单位：元

姓名	衣着支出		住房	燃料	保险支出					生活服务支出		文化服务支出		旅游	交通通信	其他	赠村内	赠村外
	衣服	服饰			财产	生产	生命	教育	养老	理容洗澡等	医疗住院	补课娱乐费等	学杂费					
鲍春山	1042	35.6	341	760	0	0	0	0	0	10	20.8	797	0	26	0	70	1000	800
管树忠	7306	420	542	1466	0	0	0	0	1200	306	199	240	0	0	1276.5	428	1800	4700
鲍福林	2954	118	21722	3686.2	0	0	0	0	0	30	3614	645	60	0	639	465	1450	2850
刘春生	390	0	418.9	2667.2	0	0	0	0	0	90	1168.7	0	0	0	1305	126	1750	3700
鲍景鹏	10804	3092	7060.7	5320.2	0	0	0	0	0	15	960.4	165	0	1800	2636	479	823	6315.4
刘家洪	6399	13	531	2614.4	2040	0	0	0	0	600	200	1163	75	0	520	555.3	5400	6900
鲍克宝	5779	50	2049	2278.5	0	0	0	0	870	500	834.5	0	195.5	0	2015	237.8	1400	1920
刘树江	6598	74	82000	8000	0	0	0	0	0	0	416	500	0	4100	270	980	4800	7340
董秀华	6726	1050	20898	1805	15	0	0	0	0	1058	25700	4558	200	1355	850	799	4500	6000
管树纪	944	0	2639.6	7568.88	0	0	0	0	1500	110	47	5000	0	0	2060	285	2400	4800
合计	48942	4852.6	138202.2	36166.38	2055	0	0	0	3570	2719	33160.4	13068	530.5	7281	11571.5	4425.1	25323	45325.4

说明：以 10 户家庭为例

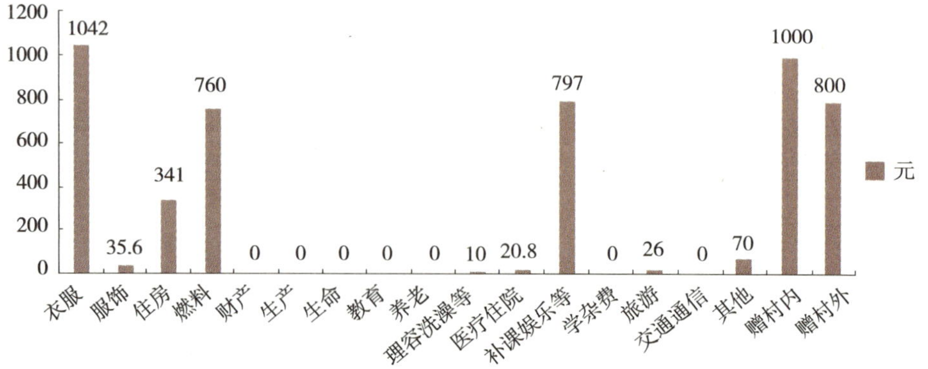

2009 年双街村村民鲍春山生活消费支出情况图

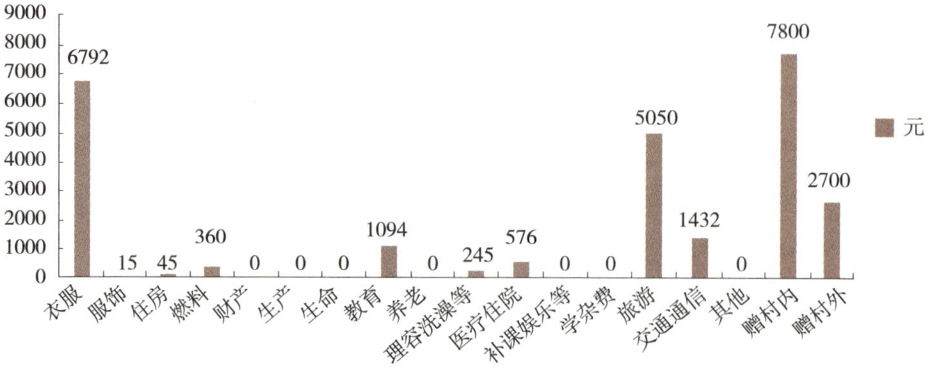

2013 年双街村村民鲍春山生活消费支出情况图

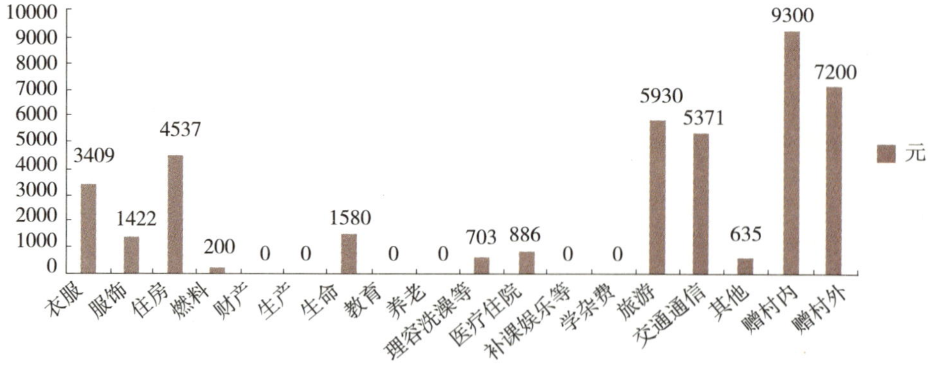

2016 年双街村村民鲍春山生活消费支出情况表

2013 年双街村部分村民生活消费支出情况表

表 11　　　　单位：元

姓名	衣着支出		住房	燃料	保险支出					生活服务支出		文化服务支出		旅游	交通通信	其他	赠村内	赠村外
	衣服	服饰			财产	生产	生命	教育	养老	理容洗澡等	医疗住院	补课娱乐费等	学杂费					
鲍春山	6792	15	45	360	0	0	0	1094	0	245	576	0	0	5050	1432	0	7800	2700
管树忠	2872	492	324.4	3039	0	0	0	0	0	0	0	0	0	0	4050	0	9100	7200
鲍福林	4680	0	7506	1520	0	0	0	0	0	100	171	0	0	0	2285	1730	4200	1000
刘春生	2769	0	50081.8	5990	0	0	0	0	0	80	2048	0	0	1560	6243	30	2700	6000
鲍景鹏	6590	35	9718	259	0	0	0	0	0	440	3858	880	0	8000	1600	620	8400	10400
刘家洪	7434	451.5	974	3053.5	0	0	0	0	0	63	0	740	0	3385	2390	77	9900	3900
鲍克宝	645	320	3868	460	0	0	0	0	0	210	358	0	0	0	2906	68	9000	5500
刘树江	8512	30	13176	7380	0	0	15754	900	0	141	5704	2144	0	4300	3565	1891	10800	7900
董秀华	2823	950	15822	4540	0	0	60	0	0	280	60104	980	0	0	3110	409	6100	4400
管树纪	1168	0	6214	220	0	0	0	0	0	440	600	0	0	300	3440	109	5800	7500
合计	44465	2293.5	107729.2	26821.5	0	0	15814	1994	0	1999	73419	4744	0	22595	31021	4934	73800	56500

说明：以 10 户家庭为例

2016 年双街村部分村民生活消费支出情况表

表 12

单位：元

姓名	衣着支出		住房	燃料	保险支出					生活服务支出		文化服务支出		旅游	交通通信	其他	赠村内	赠村外
	衣服	服饰			财产	生产	生命	教育	养老	理容洗澡等	医疗住院	补课娱乐费等	学杂费					
鲍春山	3409	1422	4537	200	0	0	1580	0	0	703	886	0	0	5930	5371	635	9300	7200
管树忠	5899	405	2065	3960	0	0	450	0	0	500	207	0	0	0	3010	218	6500	2100
鲍福林	2120	110	5940	1040	0	0	450	0	0	360	1370	0	0	0	1905	646	4700	3100
刘春生	3428	69	2299	8880	3200	0	300	0	0	280	4363	0	0	0	3123	570	8200	1200
鲍景鹏	9400	80	3485	5400	0	0	860	0	0	830	3100	1150	0	0	2300	330	11600	3900
刘家洪	10249	0	4323	2945	0	0	300	0	0	381	5151	400	0	8000	2220	270	11800	6700
鲍克宝	8698	1480	4715	500	0	0	300	0	0	245	541	0	0	0	2046	310	7300	2200
刘树江	6227	1120	19388	7020	0	0	150	0	0	605	11361	0	0	23500	2726	4032	21600	7300
董秀华	6711	150	8620	5200	0	0	150	0	0	388	10258	500	0	100	3410	1956	12300	4900
管树纪	3905	0	7371	5550	0	0	2515	0	0	450	344	240	0	3400	3785	160	10200	4600
合计	60046	4836	62743	40695	3200	0	7055	0	0	4742	37581	2290	0	40930	29896	9127	103500	43200

说明：以 10 户家庭为例

衣食住行用

服饰 1949年前，双街村鲍、管两户富人，家中男子以穿长袍马褂为主，丝绸面料，质地轻柔、手感光滑。其妻子、女儿，衣服面料也是丝绸，且绣有花，颇为美观。普通村民以穿粗布、麻布为主。老年男女，多穿带疙瘩襻儿的对襟大袄、缅裆裤。20世纪40年代，村上男子穿中式对襟短衣、长裤；妇女穿左边开襟的短衫、长裤。

50—60年代，村民的衣服面料以蓝、青、白、绿四色棉布为主。70年代末至80年代初，衣服面料多以涤卡、化纤、的确良为主，款式有中山服、制服等。村民衣服多为家庭手工缝制。80年代末至90年代初，各种纯毛织品、化纤织品、真丝织品等增加，村民穿衣颜色及款式也趋向多样化。进入21世纪，随着经济水平的提高，村民仅少数裁剪衣服穿，多数到商场、专卖店买适合自己的衣服，穿衣色彩靓丽，款式新颖繁多。

饮食 1949年前，村内居民生活贫寒，糠菜半年粮。新中国成立初期，生活较为好转，粗茶淡饭，吃饱为主。60—70年代，主食窝头、稀饭、咸菜，吃鱼要到夏秋季自己打捞。90年代，包饺子、捞面为家常便饭。进入21世纪，饭菜讲究粗细搭配、粗粮细作、营养丰富，各种水果、蔬菜、肉蛋、海鲜应有尽有，想吃就吃。

村中待客多饮酒，宴请必丰盛，男士以喝白酒、啤酒为主，女士饮红酒或饮料。酒菜以双数碗碟为佳，忌讳单数。荤、素、凉、热搭配，饭菜为荤、素、鱼，最后上汤。老人祝寿，婴儿满月、百岁，婚丧嫁娶招待宾客，一般都在饭店进行。

居住 1949年前，双街村民住房极其简陋，均住土坯房。土坯是用土和麦秸和泥，

70年代，双街村民居住的“穿鞋戴帽”房
区志办 提供

迁入楼房的双街村民（2010年） 双街村 提供

双街新邨 610 路终点站（2009 年）　区志办　提供

双街新邨小区停车区（2016 年）
双街村　提供

中间夹高粱秆，放在木框模子中成型，晾干而成。墙面用三合土或用麦秸和泥抹墙、铺房顶。双街无大富户，只有鲍、管等几家富户，房屋结构为房顶是青瓦、房基是青砖、中间是土坯的四合院院落。村民院落多为三合院，临街开院门，房屋以坐北朝南较为普遍。

新中国成立初期，双街村经济基础低下，村民穷困。至 20 世纪 60 年代末，村民仍居住土坯房屋。70 年代至 80 年代初，有的村民新扩院基建新房，墙体为“穿靴戴帽”（下半截用砖做基础，中间夹土坯，顶部用砖封檐）或“外砖内坯”的“里生外熟”型混合结构房屋。

自 80 年代中期，村上多数居民新建或翻建成砖木结构房屋。80 年代末至 90 年代初，兴起“[”“L”形房屋，俗称“板凳房”“一头沉”（也称“刀把”）。2001 年 8 月，村成立双盈房地产开发有限公司，先后建设开发了双街新家园、双街新城、城际美景等现代化居住社区，吸引周边乃至市内居民上万户到双街落户。2007 年秋，双街村在经济实力增强的同时，开始着手改善村民居住环境、提高村民生活质量，实施旧村改造。由双盈房地产开发有限公司投资，在旧村原址兴建双街新邨，改造成为新型居住区，使双街村民的居住环境和生活质量得到根本性的变化。新建居住区为 11~28 层的现代高层建筑，总面积 20 万平方米，2008 年动工，2009 年 10 月竣工。545 户村民彻底告别了世代居住传统低矮的旧房陋屋，全部住进各种配套设施齐全的新楼房。迁入楼房的村民，大多数居住 80~100 平方米的两室一厅房屋。

出行　旧时村民出行为步行、骑驴、骑马、坐船及乘坐小驴车、马车等。民国初，自行车传入境内，但是为数很少。20 世纪 50 年代，飞鸽、双喜、永久、凤凰等国产名牌自行车进入村内少数家庭。60 年代，开始有公共汽车，乘车者为“坐公共”。70

年代末，自行车在村内普及，规格品种多样化。80 年代后，少数农户购置摩托车。其后增设公交路线，在村口设 21 路公交站。90 年代初，山地车、改进型跑车，以及轻骑、摩托车成为中、青年喜爱的交通工具，少数家庭拥有小汽车（小轿车）。1998 年，在村口又设 961 路公交站。进入 21 世纪，村里有的家庭拥有价值几十万元到一百万元一辆的豪华汽车。2005 年后，村内公交路线便开始增多，有 610 路、810 路、607 路、611 路、725 路等。还可乘出租车，招手即乘，人们出行甚为方便。如今，人们出行乘坐火车、轮船、飞机，出门探亲、旅游已是寻常事。至 2016 年，双街村民拥有私家车近 600 辆。

◉ 家具家电

家具 1949 年前，村民的家具有躺箱立柜、被格子、八仙桌子、太师椅，桌面有座钟、帽筒、花瓶等。50—60 年代，连二桌、连三桌、木椅、碗橱等普遍进入家庭。70 年代，时兴立柜、沙发等家具。80 年代兴起组合家具，功能增多。90 年代，板材、锯末板材家具增多。进入 21 世纪，家中陈设趋向高档、新潮，红木家具、实木家具、真皮沙发进入百姓家庭。卫生间、厨房陈设都趋于功能化、现代化，天然气灶 具、多功能电饭煲、热水器、微波炉、电烤箱等已普遍使用。

双街村民厨房（2016 年）　　刘秀玲　提供

家电

电视 70 年代后期，电视机开始进入村民家庭。1990 年 8 月 19 日，双街村投资 10 万元，建起域内第一个闭路电视系统。2009 年，全村几乎每家都有电视机，其中部分家庭有 2~3 台，有线电视入户率达 80% 以上。2012 年始，全村有线电视入户率达 100%。2016 年，全村大部分家庭安装了光纤网络电视。

电话 1979 年，全村只有几十部电话。到 1996 年，电话入户率 35%，有少数人用上“大哥大”手提移动电话，20% 成年人配备了“BB 机”。2002 年，全村电话普及率达 55% 以上。到 2012 年，村民电话拥有量达 90% 以上，有 50% 以上的三口之家每人都配有手机。2014 年，村委会向每户村民发放智能手机一部，村民手机配备达 100%。

电脑 90 年代初，全村仅有几户家庭购置了电脑。当时电脑价格比较昂贵，普通百姓可望而不可即。如今，家庭电脑价格低、功能全、网络广，备受百姓青睐，同时宽带网络也促进了家庭电脑消费。2012 年，全村百户家庭拥有电脑约 50 台。至 2014 年，台式电脑、笔记本电脑、无线上网笔记本等电子产品在村民家庭中基本普及。

其他 据统计，1986 年，双街村 360 户家庭中拥有黑白电视机数量 360 台，34 户家庭中拥有彩色电视机 34 台，290 户家庭中拥有电风扇 320 台，98 户家庭中拥有录音机 105 台，10 户家庭中拥有点唱机 10 台，285 户家庭中拥有洗衣机 290 台，15 户家庭中拥有电冰箱 15 台，3 户家庭中拥有照相机 3 台，5 户家庭中拥有轻便摩托车 5 辆，15 户家庭中拥有摩托车 15 辆。

◉ 家庭结构

1949 年前，村内多口之家居多，且以四世同堂为荣。四世同堂的大家庭人口在 10~30 人左右。大部分家庭为子孙三代或两代人在一起生活，人口 8~10 人不等，生活贫困。

新中国成立后，人民生活水平逐步提高，四世同堂和子孙三代一起生活的大家庭有所增加。60—70 年代，由于受“文化大革命”的影响，传统家庭观念受到冲击。儿子成家后多数脱离父母，分家另过。大家庭分化为小家庭，家庭结构缩小。因“养儿防老”“多子多福”等陈旧封建思想存在，村内一度出现家庭世代结构减少、但人口不少的现象。

80 年代后，计划生育受到高度重视，提倡“一对夫妻一个孩”，三口之家约占总户数的 40%。至 2014 年，村内家庭结构仍然是以一对夫妻一个孩子的三口之家家庭结构为主。

2015 年，国家实施二胎政策，村上二胎家庭增多。至 2016 年，四口之家有 50 户，约占全村总户数的 10%，三口之家有 294 户，占全村总户数的 58.1%。

◉ 幸福双街

医疗福利　2005 年，镇属 15 个村全部参加新型合作医疗。是年，双街村村民合作医疗二次报销比例达 80% 以上。2009 年，实行天津市居民基本医疗保险政策。双街村在参加居民基本医疗保险的基础上，实行合作医疗二次报销制度，农民看病自费部分相应减少，住院费用个人缴费比例在 20% 左右。至 2014 年，双街村二次报销比例达到 90%。村中郭庆海、鲍福英、吴继红三位村民身患尿毒症，并享受低保待遇，每周到医院透析 2~3 次，透析费用报销 100%。

养老福利　俗话说养儿防老，人们将养老完全寄托于子女身上，但事实并不尽如人意。在历史的不同阶段，由于受多种因素的制约，老年人养老一直是社会的一大难题。双街村从 2002 年实行农民退休制度，全村男年满 60 岁以上、女年满 55 岁以上 175 名老年人，每人每月可领取 160 元的生活补助费。2005 年，双街村实施养老保障，为全村 500 多名劳动力安置就业岗位，这些人退休后享有退休金，全村养老保险参保率和就业率实现 100%。自 2005 年起，双街村男年满 60 岁、女年满 50 岁的村民，每月享有生活补助。2009 年，每月生活补助费最多为 750 元。至 2012 年，双街村老年人的养老补贴

双街村村民领取老年退休金（2007 年）区志办　提供

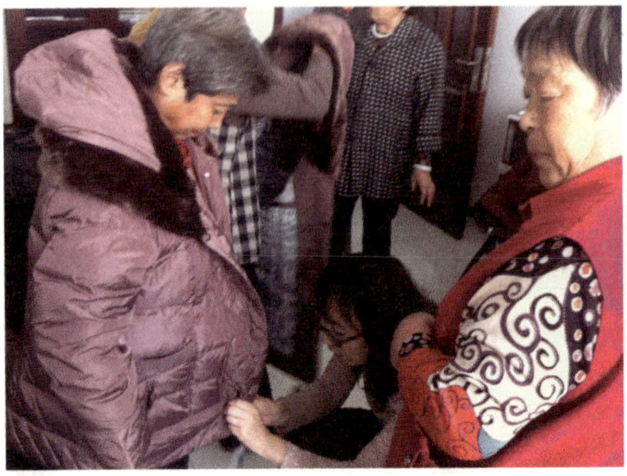

双街村委会为全村老年人购置羽绒服（2014 年）
双街村　提供

双街村委会给村民发放春节礼品（2014 年）
双街村　提供

和养老金（市、区、村三级），70 岁以下每月 1060 元，70 岁以上每月 1100 元。2014 年，双街村老年人不分年龄段，每人每月统一领取 1500 元。2015 年，双街村老年人每月统一领取养老金 1600 元。

其他福利　自 1997 年始，双街村在春节、中秋节期间，不仅给每户村民发放米、面、油、鱼等食品，春节每人还发 200 元现金。2012—2013 年，中秋节每人发现金 1000 元。2014 年中秋节始，每人发放现金 2000 元，春节每人发现金 1 万元。2014 年 1 月，投入 20 万元为全村 283 名老年人购置了羽绒服，让老年人温暖过冬，此举是该村“幸福晚年”项目中的暖心举措之一。是年 7 月，双街村委会向 506 户村民发放专门配备的智能手机一部，每部智能手机每月充值话费 37 元。

2006 年始，凡是村里考上大专以上学历的学生，村委会都给予奖励：本科考上研究生奖励 5000 元，考上一本奖励 5000 元、二本奖励 4000 元、三本奖励 3500 元、大

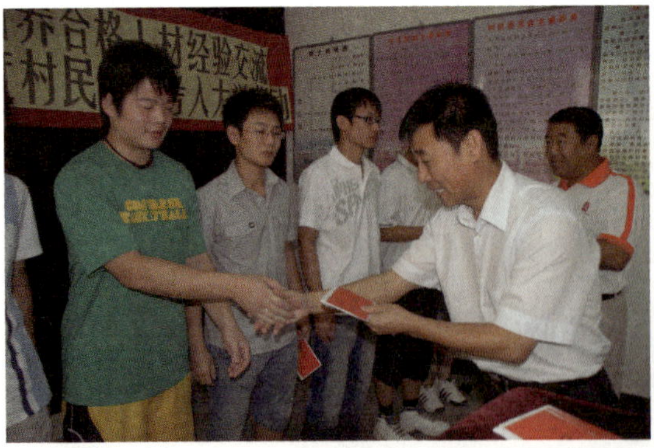

双街村党总支书记刘春海为当年考取大学的学生发奖学金（2008 年）
区志办　提供

村计生专干为独生子女发放“六一”礼品（2014 年）
双街村　提供

专奖励 3000 元，职专考上大专奖励 2500 元；村民死亡，凭火化证和销户证明可以享受丧葬补贴 2200 元；对村上无儿无女、丧失劳动能力的孤寡老人，经民政部门审批并经公证后，实施“五保”供养；对因残、因病造成家庭生活困难的村民，根据困难情况，按相应标准给予救助；村入伍的现役军人享受村民同等的待遇，对现役军人家属每年进行优抚慰问；2015 年 12 月 31 日前生育一个子女的农业户家庭，每年发给 14 周岁以下独生子女父母奖励费 200 元，一方为农业户的享受 50%，其子女可以享受“六一”儿童节礼品。

附：村民致富的带头人

1997 年初，刘春海接任双街村党支部书记，刚上任的他，面对村上一个个烂摊子：8 个村属企业,7 个经营惨淡；线路老化，收电费难；村务管理混乱；环境卫生脏乱差等。他说，既然群众这么相信我，推选我为村党支部书记，我就不能让大家失望，一定要带领大伙儿闯出一条致富路。

1997 年 4 月，刘春海与村两委班子成员研究决定，对村内已经老化的线路进行了更新。为了彻底改变村容村貌，提升村民的生活环境，是年，村内又整修了道路、修建了垃圾池。

1998 年，双街村获得 2400 余万元占地补偿金，刘春海想用这笔资金建一个中小企业工业园，招商引资，给村民增加收入。他与两委班子成员召开党员和村民代表会议，细致地讲解了建工业园的可行性建议，赢得了多数党员干部和群众的认可。在一年多的时间里，购地建厂房，凭借区域优势，先后有 9 家中外企业落户工业园，年销售收入逾 4 亿元，仅租金一项就有 580 万元的收入，同时，还为村民提供了就业岗位 100 多个。

2000 年初，刘春海抓住天津小城镇建设整体规划启动的机遇，把目光放到了开发房地产上，设想投入 2 亿元，用 3 年时间建设北辰区第一个农民住宅小区。这个想法得到了群众赞同。新家园小区开工半年，启动资金用完了，刘春海把自己的家底全部拿了出来，又发动党员干部借款，终于筹集到了一笔救急的周转资金。2001 年 10 月，工程全部竣工。开盘后，按照天津市中心区内二级地段二手房的价格销售，仅一天就售出 60 多套住宅。至 2002 年底，全部

2000年12月29日，刘春海参加全国“十大杰出青年农民”表彰大会，在北京人民大会堂外留影　　双街村　提供

售罄。

2004年，双街村将触角伸向市里，参加竞拍收购了位于河北区3万多平方米的河北船舶大厦烂尾楼，并投资1亿元将其打造成一个集商务、办公、起居和经济型酒店为一体的多功能现代化建筑——中汇大厦，年租金达1000多万元，成为双街村的“财富大厦”。

2005年，村里因老人赡养问题，产生的家庭纠纷不少。刘春海与班子成员商量，经济发展起来了，要做的第一件事就是给村民上养老保险、发退休金。双街村为18岁以上的村民全部上了养老保险，为男满60周岁、女满50周岁的村民每月发放560元的退休金。村民吴大爷手里攥着刚刚领到的退休金，高兴得合不拢嘴：“种了一辈子地，没想到上年纪了村里还给发‘工资’。人们都说养儿防老，我看春海就是咱们的好儿子。”

随着人们生活水平的提高，群众的精神文化需求也在不断增长。在刘春海的建议下，双街村先后建起了老年活动中心、图书馆、武术馆、健身基地、村民服务中心、市级示范幼儿园、市级模范小学等。

双街村每年几千万元的收入，刘春海却没有比别人多拿一分钱的报酬。在他的模范带头下，每个村干部都自觉践行廉政承诺，虽身兼数职，但都只拿一份工资，没有人敢利用手中权力为自己和亲友牟取私利。这支素质过硬的党员队伍，赢得了村民们的信任和拥戴。

2011 年，双街村实现销售收入 51 亿元，利税 3.1 亿元，农民人均年收入 2.6 万元，劳动力就业率达 100%。村民们说："有刘春海在，我们就能过上好日子，就有心气儿、有奔头儿！"

至 2012 年，建筑总面积 100 余万平方米，环境优美、功能齐备、服务完善的 5 个新型社区相继落成，村民们全部迁入新居。全村实现了学有所教、病有所医、老有所养、住有所居。

近年来，刘春海依托双街村得天独厚的地理位置，在加快小城镇建设的同时，又积极发展休闲农业及旅游观光农业，在全市乃至全国具有很强的辐射和引领作用。2013 年，在中国最有魅力休闲乡村评比中，双街村荣获"全国最有魅力休闲乡村"称号。

十多年来，刘春海着手创建了天津市第一家村级外国中小企业工业园、全市第一家绿色生态园、北辰区第一片农民住宅小区，他本人也荣获第五届中国十大杰出青年农民、全国"三个代表"基层标兵、全国劳动模范等荣誉称号，他还是中共十八大代表，多次受到党和国家领导人的亲切接见。

双街美景

艺文杂记

双街村地处天津市城区北部北运河畔，历史悠久，人杰地灵，不仅社会主义物质文明取得重大成就，精神文明建设成果也令人瞩目。无论是创作的诗歌、散文作品，还是流传于村里的民间传说故事，都抒发了赞美双街村崭新面貌、双街百姓热爱美丽家园的美好情感，彰显了双街村淳朴的民风和深厚的文化底蕴。

双街人热爱自己的美丽家园，用诗句赞美美丽的双街村，并抒发自己美好的情感。

◉ 诗词

七律·双街颂

吴崇义

北运河边柳色新，风华润眼誉京津。
云楼正做双街笋，地铁刚成一号邻。
笃志科研强百业，痴心环保悦嘉宾。
长歌数阙金樽满，聊醉人间四季春。

诗六首·双街

刘宝起①

魅力双街村

潞水清流日影斜，双街新市益繁华。

① 作者：刘宝起，曾任北辰区委研究室主任，诗选《北斗星》，2013年第二期。

三区[①]联动乘飞马，百业共兴坐速槎。
美景自然融画卷，妙音天籁似鸣笳。
桃源世慕斯得现，操手[②]贤能黎庶夸。

紫御园景胜桃源

紫气升萦曾帝临，新城绿肺运河濒。
蹉廊依户观歌舞，登舫凭栏思古今。
灵璧石间花竞放，梧桐树上鸟争吟。
斯园美胜桃源景，忘返留连醉客人。

神奇农业科技园

室棚千亩蕴生机，神幻种收令绪迷。
奇水浇生金满架，异肥施长玛盈畦。
瓶培花艳千枝静，罐育菇鲜万束移[③]。
启智景佳食绿色，观光科贸尽相宜。

登盛世宝鼎台

村中矗立势恢宏，声震津沽盛鼎雄。
铭塑史诗歌近象，质纹今艺唱遗风。
通身精饰墨颜美，围坐巧妆绿荫浓。
极目四方舒远眺，昊天朗日映辉程。

兴旺工业园

赎地兴园首桶金，续发筑舍阔无垠。
车间云聚神州客，大厦海容环宇宾。

① 指工业园区、现代农业科技示范园、城市新家园社区。
② 村民称村党支部书记为操盘手。
③ 菇菌生产实现智能化、机械化。

百业生根收万贯，全村捧手奉一心。
共赢齐奔幸福路，日丽风和享煦春。

双街葡萄园

沽北潞西沃野平，葡萄巨苑势恢宏。
琼枝玉叶万丛茂，紫瑙翠珠亿串莹。
馥满三津仙客至，誉充九域网客争。
自然绿色天成就，净水奇田华夏名。

赞双街新家园

赵景秋①

世外桃源的现代版，质朴纯真，如君子好逑的美人
双街新家园，一座心灵的驿站
窗前的骄阳，总是弥漫着花香
空气中的宁静，能让身体也化为无形
内心空灵，如自由的天籁，一种真正的满足在不断充盈
双街新家园，时尚又不张狂，不卑不亢
仿佛天堂，就该是如此的模样
伴你而居，真是不可求的幸运
因为在那，孤独和痛苦，始终无法找到翅膀

浣溪沙·双街农业生态示范园

颜昌栋②

绿笋彩椒环保瓜，
红莓嫩韭顶黄花。
秧禾凝露淀新芽。

① 作者：赵景秋，中共北辰区委党史研究室干部，作品选自诗文集《若水集》。
② 作者：颜昌栋，刊登于《北斗星》2009 年第 4 期，庆祝新中国成立六十周年专辑。

汗水润根枝叶旺，
香飘蜜漫目不暇。
采丰摘硕乐无涯。

赞双街·鹧鸪天

刘彦明

悠悠古运碧连波，桥北桥南宝马过。
夹岸繁华称福地，一城璀璨映长河。
三区美，万众和。骏业高楼广厦多。
妙手谁弹琴瑟曲，众声共夸掌门哥。

赞乔迁

（自编自演的34人合唱歌词）

红旗飘飘歌声脆，
幸福生活惹人醉——
双街一派新气象，
万紫千红春色美！

跨世纪的带头人，
与时俱进勇创新——
科学发展抓经济，
团结和谐人为本！
村变城市谋福音，
平房改造最可心：
昨日杂乱破旧家，
今朝新楼高入云！

丰收中秋遍地金，
新电梯迎乡亲——

豪华单元宽又亮，
村民乔迁笑吟吟……

◉ 散文

走向幸福生活

刘秀玲[①]

当前百姓的衣、食、住、行都发生了翻天覆地的变化。看到身边巨大的变化，看到老百姓们幸福地生活着，我不禁想到自己的童年生活。

那时，一放学回家就急忙找吃的，也许是长身体营养跟不上，拿一块玉米面饽饽就大口地吃起来，而且吃得很香。有时，趁大人不在旁边就把玉米面饽饽切成两片，里面加点盐和果油，吃起来简直是美味得不得了（当时的盐都是中盐和大盐，吃时一定要用擀面棍儿把它轧碎）。这种吃法要是被奶奶看到，非得遭到大声地训斥，因为当时粮食和油是有定量的，这种吃法在当时算得上是奢侈的。

有一次，我在玉米面饽饽里放了酱豆腐，那是父亲赶马车往城里送蔬菜买回来的，被小伙伴兰兰看到了，然后跑回家向她妈妈哭着要，被我妈妈知道后，送给兰兰两块。

兰兰站在胡同口，吃着跟我一样的玉米面饽饽加酱豆腐，美得像朵花。

前两年同学聚会，作为东道主的兰兰在餐桌上还提起了这件事，显然这件事已深深地烙印在她的记忆里……

想想那个年代，父母早出晚归，每天很辛苦地在地里干着农活，到年终生产队一结算，有的孩子多的家庭事多，辛辛苦苦干了一年到头来还欠生产队的口粮。当时的生活状况，一日三餐吃饱就很不错了，除非家里有当工人的每月有30多元的工资，那生活算是富裕的，吃的、穿的比纯农业户强很多，那可是人人都羡慕的家庭。

记得有一年过“儿童节”，妈妈从合作社用布票扯了两块“的确良”布料，一块白色给我做了上衣，另一块是绿色给我做了条裙子。两块布没有一点图案，全是单一的颜色，妈妈用她那粗糙的巧手把上衣领子用粉色的布头缝制了一圈“小狗牙儿”，裙子捏成了一条条褶儿，漂亮极了。“六一”儿童节那天早上我穿着妈妈亲手缝制的新衣

① 作者：刘秀玲，双街村人，作品刊登于《北斗星》2009年第4期。

服，像小天使一样一大早跑到学校，心情无比的快乐、幸福，好像拥有了天下所有的美丽……时过境迁，现在服装每年都有新款式、新的布料、新的品牌在流行。

如今，村上十多岁的孩子身穿李宁、耐克、安踏等品牌服装已不足为奇。傍晚闲暇时与女儿手牵手漫步在小区的“步行街”上，服装店、名牌专卖店一个挨一个，灯火辉煌、生意兴隆。傍晚吃完饭，领着孩子、陪着爱人逛一逛，已成为百姓们时下的一种时尚。现在给孩子们买新衣服、新鞋，他们穿上新的换掉旧的已是一种平常的心情，甚至有的孩子自己挑选，嫌自己的老爸、老妈没眼光，跟不上时尚。

这个世界，真是变化太大了！

最早双街村是由南北和东西两条主街组成，贯穿于若干条小胡同。过去每到连雨季节，在低处的胡同里积满雨水，给百姓的出行带来了诸多不便。小孩子上学必须父母背着过去，坑洼深处没过成年人的膝盖。年迈的老人无法出行，只能拄着拐杖站在自家的门口无奈的叹息。

回想起过去，再看看现在，到处高楼林立，道路宽畅，绿化带整洁翠绿。双街新家园小区、双街新城小区都设有小花园、残疾人健身房、图书室、老年娱乐场所，丰富了百姓的业余文化生活。村上的老年艺术团，定期在村上演出，她们自己编排的天津时调、三句半、相声、小品等给老百姓带来无限的欢声笑语，演出的节目在区里也多次获奖。

双街村老年人受了一辈子累，做梦也想不到如今过上了“神仙”般的生活，吃穿不用愁了，村上的女性到了五十周岁、男性到了六十周岁按月到村委会领取 600 元至 700 元的养老金，其余的村民都上了养老保险。要是老百姓生病住院，农村合作医疗报销 80%，独生子女再加 12%，解决了老百姓的后顾之忧。

村中考上大学的，村委会一次性奖励 2500 元至 5000 元现金。“六一”儿童节为独生子女发放礼品，为退二胎指标户和独生子女户优先安排就业等优惠政策。现在百姓生活富裕了，家庭纠纷也少了，到处是一片安定、祥和、繁荣的景象。

村民生活水平提高了，私家车一族也逐渐壮大起来，过去家里养车是为了维持生计，现在开车上下班已是一种势不可挡的潮流。

双街新郡小区是百姓的还迁楼，在今年十月份即将竣工，是高层建筑，外观高雅、气派，采用地采暖取暖方式，内部设施齐全。现代化的管理方式，四周设有现代化的教学楼、幼儿园、大型超市、医疗站、娱乐场所等。

百姓们即将搬进宽敞明亮、现代化设施齐全的高层住宅楼，过上比城里人还幸福、安逸的生活。冬日里不用再为加班回家晚、炉子没人生火而发愁；雨天在外面赶不回去，不再为晾在院落里的衣服没人收而着急。从此走向幸福生活！

享受阳光的老人

刘秀玲[①]

他们俩自称是一对冤家夫妻，彼此间从未说过你恩我爱的话。他说她，缺少女人味儿，嗓门儿能顶破房顶。她说他，心太狠，不懂得疼人。他俩辛苦了一辈子，争吵了一辈子。

一直在危机边缘徘徊的他们，却坚守到满脸皱纹，白发苍苍一直不离不弃。是四十多年来，曾经相互支撑着走过那些艰难的日子，让他们人近古稀之年，彼此有所醒悟，性格都发生了质的变化——大半辈子刚烈带着十足火药味的性格都变得温和了，会为对方着想了，彼此有了不舍，谁也离不开谁了。

他们的两双儿女都已长大成人，为人父母。每家的小孩儿都是她带到上幼儿园才放手。身旁没有小孩子，按理说她该清闲下来享享清福了，可命运之神又跟她开了一个硕大的玩笑：与自己争吵了一辈子的冤家，突然得了中风，瘫痪在床上。每天搁起、搁坐、接屎、接尿，都要折腾几回，每次折腾完后她都满头大汗。有时她按捺不住自己脾气就冲他发起火来，骂他不懂得疼人，到老了还得了这病，真不知道怎么麻烦人。接着陈芝麻烂谷子一股脑儿道出许多，但手里始终不停地干着活儿。

每次她唠叨、抱怨时，老伴儿就冲着她傻笑，他心里什么都明白，就是表达不清楚。

一天，看着老伴儿傻呵呵的样子，她的心里就酸酸的，眼泪就止不住地往外涌。想起他这辈子不容易来：自小失去父母，跟着光棍叔叔长大，从小就养成一种不服输的性格，倔强、要强。为这个家，为儿女们操劳了一辈子，如今瘫痪在了床上不能动弹。越想眼泪就止不住流。老伴儿好像看出她的心思，止住傻笑，颤巍巍地伸过布满青筋的手，帮她擦去淌在面颊上的泪水，目光痴痴地含着深深的歉疚，望着她，哆哆嗦嗦地说道："媛媛她妈，我，我，这辈子，对不住你呀！"当时她的眼泪就像蓄满太久的水池，突然被拔开了塞子，喷涌出来，几十年来争吵、抱怨、不满、委屈，都一股脑儿地顺着

---

① 作者：刘秀玲，作品刊登于《天津日报·北辰之声》2011 年 7 月 7 日。

泪水冲走了……也许几十年来，她就是等待他一句理解的话语，要强的他们谁都没有向谁表白过，从而导致无休止的争吵。年轻的时候她从不信命，现在她信了，注定自己这辈子是伺候他一辈子的女人。

儿女们公休日的时候，都过来帮她的忙。看着她辛苦的样子儿女们心疼，要出钱请一个保姆帮忙，让她歇歇，被她拒绝了。她说自己能行，不用他们操心。其实，他怕别人伺候不好，这么多年来老伴儿什么时候醒、吃饭、吃药、喝水、翻身、拉尿等，她都掌握了规律，别人伺候她不放心。

一次，最小的外孙子吵着要自己推着外公出去遛弯儿，她在后面紧跟着，不停喊着要小心。推上马路时，前面有一块砖头，她赶忙跑上前去捡开。毛躁的小外孙子还未等她离开地方，就将她撞倒在地，给轮椅上的老伴儿吓坏了，使劲伸手去拉她。她赶忙起身扶住他，轮椅没有翻。只见她的胳膊被挫得渗出了血，她却全然不知。从那以后，推老伴儿是她的专利，说什么她不敢再放手了。

老伴儿瘫痪在床已五年了，如今他俩，都是年逾花甲的老人，在她的脸上找不到一丝倦容，写满了温和与满足。老伴儿在他的精心照料下，神采奕奕，根本不像一个瘫痪在床五年的病人。每天看着憨憨傻笑的老伴儿，她几十年来的刚烈脾气荡然无存。

每天当金灿灿的太阳高高升起的时候，她准时推着老伴儿在小区的小花园晒太阳，她拿出小板凳坐在他的对面与他一边说话，一边帮他捶腿、揉脚，暖洋洋的阳光照在他俩身上，画面是那样的祥和、幸福。曾经的争吵已成为很久远、很久远的故事。现在他俩被暖融融的阳光包围着，尽情地享受着余下的时光……

我看到的幸福

王菲[①]

去双街参加活动，带回来这样几幅画面……

第一幅是在双街草莓园。家长带着孩子们告别城市的喧嚣，来到这里，一簇簇草莓如姑娘红红的脸，泛着诱人的光泽，娇羞地躺在田间微笑，那珠圆玉润的丰腴，在碧叶白花的簇拥下更让人垂涎欲滴。一个孩子一边咽着口水，一边迫不及待地跑到田埂上去摘了两颗，等不及将草莓的小帽子摘掉，就一口放进嘴里。可是，这样大的草莓哪里是

① 作者：王菲，北辰区人民政府办公室干部。

他一口就能吃下的，红色的汁水一下子就喷了他满脸，他一边享受着草莓的甘甜，一边不时用手擦拭着顺着嘴角流下的汁液，眼神却又那样如痴如醉。另一个孩子左手举着一个“巨型”草莓，同时举起握紧的右手，让大家看这个草莓比自己的拳头还要大。旁边的孩子羡慕不已，想抢来尝个鲜，却因为着急一个趔趄趴在了田埂上，顺势将脸埋在了草莓中，惹得大家捧腹大笑。

第二幅画面是在双街蘑菇基地。一群人正在辛勤地工作，如果你认为他们正在面朝黄土背朝天，那就错了，这里全是机械化的生产。画面一头，两个工作人员正在喜笑颜开的用铁锨往传送带上装培育土，这些培育土是经过多年实践经验和科学论证研制的，由米糠和锯末等材料混合而成，非常适合蟹味菇的生长。经过机器加工，这些培育土被装进一个乳白色的瓶子中，瓶子开口，有大概一个拳头大的空隙，经过一段时间培育，蟹味菇就会从空隙中生长出来，如一个个在太阳下狂奔的娃娃，拥有健康的肤色、灵动的身材和火一样的热情。长成后的蟹味菇经过装箱被传送到一个新的车间，进行最后一道工序，那就是包装。只有在包装间，我们才看到有手工劳作。他们将蟹味菇从瓶子中拿出来，去掉根部，进行真空包装。画面的背景整齐地摆着一个个箱子，一眼望不到边，箱子里装着包装好的蟹味菇。很难想象，这么少的人，经过机械化作业，能生产出如此规模的蟹味菇，难怪他们一张张脸上都流露着满足的笑容。

第三幅画面是在双街的紫御园。一位老人带着孙子在公园散步，杨柳拂岸、波光粼粼。春禽处处讲新声，细草欣欣贺嫩晴。桃花、海棠花竞相开放，一阵微风吹过，花瓣随风飞舞，小孙子喜不自禁，也随着花瓣舞起来。老人绽开了笑脸，挺了挺腰板，仿佛自己又年轻了几岁。走着走着，他们看到路边有整块铜石雕刻的弟子规、三字经和各种孝义故事，小孙子便缠着爷爷给他讲起来，他时而聚神聆听，时而大声朗读，临走的时候，还听见孩子嘴里叨念着：人之初，性本善……而此时，孩子也不只顾着自己玩耍，两只手自然地搀起了爷爷的胳膊，老人笑着，眼睛一下子变得更加晶莹，他用手擦了擦眼角，步伐变得更加坚定。

第四幅画面是在国耀·上河城，这是一幅俯拍画面。小区内，高楼林立、环境整洁，汽车有固定的车道，与行人分隔开来，孩子们可以撒开欢的玩耍。楼群之间，星星点点看见一团团人群。最惹眼的是广场上，一群人跟着音乐，迈着轻盈的舞步。仔细观看才发现，这些人大部分已头发花白，最年轻的一位也在去年当上了奶奶，用他们的话说，这叫六十岁的年纪，二十岁的心态。广场不远处，一对情侣正在擦着他们的爱车，听着动感的音乐也受到感染，一边擦车一边跳起了舞步，两人不时露出会心的微笑。

四幅画面就此定格，让我看到了四种笑脸：孩子无邪的笑脸、工人满足的笑脸、老人欣慰的笑脸和情侣会心的笑脸。曾读到《菜根谭》中的句子：“风恬浪静中，见人生之真境；味淡声稀处，识心体之本然。”意思是说，在风平浪静的环境中，可以显出人生真实的境界；在质朴淡泊的地方，才能体会心性本来的面貌。于是明白，人生所寻的幸福不是LV包，不是法拉利，不是别墅洋房，不是轰轰烈烈，不是鲜花掌声，只是简单，只是内心的安宁与祥和。人的一生会走很多路，看到很多风景，有的画面如过眼云烟，可有些画面却永远挥之不去、历久弥新。这些画面我看到了，铭记在心中，希望你看到后，也能在心底泛起一波涟漪，感到一种温暖的幸福。

◉ 民间传说故事

双街古塔传说[①]

相传位于北运河畔东岸、双街村的东北边耸立着一座小有名气的古塔。这座古塔始建于哪年，没有历史记载，也没有人说得清楚，古塔的由来众说纷纭，成为人们茶余饭后时常谈论的话题。于是，古塔的由来就有了一段颇为有趣的传说。

很早很早以前，有一个道行很深的大张庄高僧，疾恶如仇，也不惧怕官府的威胁，谁有难事找上门来，他总是愿意帮助，还用巧妙的智慧，给受欺负的弱者出好主意，尽力施惠于穷苦百姓。他不但佛教底蕴深厚，而且中医知识渊博，对求医寻药者采取双重“政策”。当地官府和有钱有势者求医者适当地高收费，再用这些钱财，返给穷人；劳苦大众看病、吃药则分文不收。他普度众生的道义与善举，方圆数十里口碑载道。人们不知道他的法号大名，凭着他的睿智，大家都尊敬地称他智慧大师或智慧长老。他总是笑容可掬，双手合十，虔诚地口诵：阿弥陀佛。

智慧大师多年苦苦修行，终成正果。他上知五百年，下知三百载，预测到自己即将不久人世，为了不让百姓和僧徒为他的过世悲哀和破费，又想出了一个办法，这个办法也够令人匪夷所思的。

智慧大师归天的前一天晚上，召集众僧徒，告诉他们自己圆寂后安葬的具体方案，

① 郭维生、项子平整理。

徒弟们凝神屏息聆听："汝师明日就要见吾的恩师去了，尔等不必在汝师后事上不辞劳瘁，浪费银两。汝等只需用吾早准备好的荷花缸，把吾安坐在里边，用绳子把座缸牢牢捆绑好，抬着面西而行，不能回头看，不论陆路与江河湖泽，也不能擅自更改方向，直抬到绳子断处，就是吾安身、建塔之处，这就是天意，不可违啊！"众僧徒听罢，潸然泪下。智慧大师继续叮嘱道："你们要牢记下葬时辰，见到铁树开花，听到活鱼打鼓时方能下葬，否则师父难以归西天。汝等要切记切记……"

智慧大师说完气喘吁吁，双目微闭。

众僧徒找出师父早已经备好的硕大荷花缸，又买来了擀面杖粗的大麻绳，把缸用双杠四人抬的方式牢固地系好。众僧徒满面泪痕，虔诚地唤着弥留之际的师父，智慧大师用力微微睁开眼睛，透过迷离的目光看到按照他嘱托系好的荷花缸，很是欣然，点了一下头就圆寂了。

众僧徒谨遵师命，抬着师父圆寂坐禅的荷花缸，面西疾步而行。

正值三伏暑天，众僧徒日夜兼程，人人身热如焚，汗流浃背。他们走平原，过沟壑，爬丘陵，渡河流，踏荆棘，为了早日找到师父安寝之处，日夜奔波，累得东倒西歪，一个趔趄，跟着一个踉跄……

他们不知走了多少天，也不知道行了多少路，个个腰酸腿痛肩膀肿。直到有一天东方泛白，荷花缸的粗麻绳终于被磨断了……

大徒弟左顾右盼后，伸长脖子仰天长叹道："这真是个人杰地灵风水好的地方啊，师父是上天有助，是有福之人啊！"他们一打听，方知这个地方位于双街腹部，西边是柴楼村。众僧徒按照佛教礼仪点燃白蜡烛、焚香超度恩师亡灵，给智慧大师诵全经。诸多程序完毕，他们用了半天的时间挖掘了一个极深的墓穴，等待着完成最后的程序——下葬。

如何遵行恩师下葬的遗嘱呢？众僧徒绞尽脑汁，仍然一筹莫展……

大徒弟舔舔嘴唇说："见到铁树开花，听到活鱼打鼓方能下葬。这是师父遗嘱，我们必须按照师父的遗嘱去做，否则师父的灵魂就不能升天。"年龄最小的徒弟说："师傅道行深，有灵性，遗嘱一定会灵验的，不管你们信不信，反正我信！"众僧徒虔诚地企盼着奇迹的显现。

话说这天正是赶大集的日子，这群"外来和尚"抬来个这么大的荷花缸，又作法，又挖了深穴，人们闻所未闻，里三层外三层地把众僧徒围了个水泄不通。

刚刚是万里晴空，艳阳高照，一会儿，天阴地暗，大雨滂沱。有一个看热闹的中年男子刚在集市上买了口铁锅，急忙顶起了那口铁锅挡雨。暴雨敲打着锅底浮起了朵朵雨花，聪明的小徒弟马上脱口而出：“你们看，这不铁树开花了吗！”

大徒弟看到“铁树开花了”如释重负，感慨道：“恩师的功德感动了苍天，老天爷睁眼了。”他寻思，既然老天助师父“铁树开花了”，那么离“活鱼打鼓”就不会太远了。正想着奇迹出现了……

一个钓鱼的小伙子，钓到最后一条鱼，看到天要下雨没顾得摘勾，扛上鱼竿就往家赶。他看到“外来和尚”被围观，不知道出什么事了，想一探究竟。他眼睛只顾看人了，没注意绊了一脚，人往前倒，肩上的鱼竿往下折，鱼可就“飞”出去了。说来也巧，围观者看到“飞”过来一物，都惊慌失措。有个眼尖嘴快的男子大声喊道：“天上下来飞鱼了！”“飞鱼”不偏不斜正落在一个打鼓卖线小贩的鼓中间，随着“飞鱼”的落下，鼓发出“嘭”的一声响。“飞鱼”本能地向上连续跳跃了两次，随之连续发出两声“嘭”“嘭”的响声。众徒弟惊诧地齐喊：“老天显灵了，铁树开花、活鱼打鼓了，师父可以下葬啦！”

徒儿们埋葬了恩师，又请来当地最好的工匠队，历经一年的时间，建起一座近四丈高，砖木结构的青砖宝塔。

遗憾的是，解放后整修北运河急需青砖，故古塔被拆；幸运的是，古塔由来的传奇故事仍在传诵。如今在双街村仍然流传着这样一句话：“北有古塔，南有忠孝门”。据说当年从北京方向到天津，人们都默默地祈祷、渴望见到这座古塔和北洋桥附近的忠孝门。只要看见这座古塔就说明安全到达了天津，再看见忠孝门就等于到达了天津城区，否则路途中肯定是凶多吉少，或被打劫，或被恶人打死在半路。这座古塔在当时也被人们叫做“救命塔”。

三义庙的传说 ①

当年刘备、关羽和张飞三位仁人志士，为了共同干一番大事业，意气相投，言行相依，选在一个桃花盛开的季节、一个桃花绚烂的园林，举酒结义，对天盟誓，有苦同受，有难同当，有福同享，共同实现自己人生的美好理想，人们俗称“桃园三结义”。

① 赵菁、管士贤整理。

相传很久以前，三人经过天津城北地区（现双街村一带）时，看到一位老和尚从远处走来。只见老和尚挑着水，步履蹒跚地走在运河沿岸的小路上，走着走着昏倒在地。三人恰巧经过，连忙把老和尚搀扶到附近一间已废弃的破屋里，又喂他喝了水。老和尚渐渐苏醒过来，之后在这里长期居住。正因为三人出手相救的义举，百姓口口相传，并称这座庙为“三义庙”。

三义庙建成以后，每天香火缭绕，敬香的善男信女络绎不绝，香火遍布周围几十里村镇。逢年过节、神灵们的诞辰，十里八村的女施主们赶来敬香。有求送给自己子女的，有求保护子女茁壮成长的，有求保佑尽快渡过病魔难关的，还有前来还愿的信徒，形形色色的人群，抱着各自不同的目的，来到三义庙烧香敬拜。庙内庙外人山人海，拥挤不堪。三义庙的香火之旺、人气之高，名声远播。后来每逢三月初三,三义庙都会举办庙会，家家接亲戚赶庙会、看戏。庙会上有热闹的高跷表演，表演以蹦、跳、扭、摆等舞蹈动作为主，同时可以演唱和对白，词语简洁诙谐，引起观众哄场喝彩。还有耍戏法的、说唱的、耍中幡的、卖野药的，也有做小买卖的，如卖馅饼的、卖炸糕的、卖卷圈的、卖糕点的、卖鲜货的、卖糖果的，很是热闹。 很多人都在那天来庙里请香祈福，以求全家平安康健。

解放初期，三义庙被拆除，在其原址上建了一所村小学校。

一等饭食 ①

双街村的风味小吃——贴饽饽熬小鱼，不仅成为百姓的家常便饭，而且远近驰名。为什么？因它曾受过皇封。

在清乾隆年间一个春暖花开的日子，乾隆皇帝带着两名卫士出外打猎，追逐一个白了尾梢的老狐狸，追啊，追啊，一直追到了小稍直口的河沿上。那河沿上有两间土屋，住着渔夫父女二人。老渔夫当时正在门前的枣树下晒网。那狐狸跑昏了头，一下撞进网里，被老人捉住。这时，乾隆的三匹骑马也汗淋淋地跑到了。老人一看就明白了，这狐狸原来是人家追下来的，就急忙把猎物交给了来人。乾隆龙心大悦，便下马相谢。老人一面把三人让进屋内休息，一面吆喝着女儿烧水做饭。

乾隆一路颠簸，早已唇干舌燥饥肠难挨。不大一会儿，饭熟了，焦黄的玉米面饽

① 赵菁、滑富强整理。

饽，熬小鱼，外带香喷喷的玉米粥。乾隆在宫里吃惯了珍馐玉馔，哪儿见过这等民间的粗俗饭食。但他饿了，对这新鲜的饭食也是吃得津津有味，连沾在唇上的饽饽渣都舔着吃了。老渔夫客气地说："穷人家，没有什么好吃食，请三位将就吃吧！"乾隆却赞不绝口地说："好饭食！好饭食！这是一等饭食。"

皇帝的话是"金口玉言"。从此，天津卫的贴饽饽熬小鱼可就成了有名的传统饭食了。

饭后，乾隆一时感激老人的盛情款待，就和老渔夫结拜做了兄弟。临行前，乾隆说："老哥哥，以后有什么困难可到京城找我。"老渔夫说："兄弟，你怎么称呼？在京城住在哪儿呀？"乾隆说："我姓万，叫仁尚。"说完，又叫老渔夫找来纸笔，他在纸上画了一个大圆圈，然后套进一个小圆圈，说："你拿着这地址，到京城一打听就知道了。"

过了两年，老渔夫家里发生了一件大事。原来，老渔夫的独生女儿从小跟大稍直口一户农民的儿子订婚，但那农民儿子不知怎么一时走运，就当了七品县令。县太爷怎能和渔民的女儿结婚呢？想退婚，便差人给老渔夫送信说：老爷急着完婚，但结婚那天，必须有两个有顶戴花翎的体面人送亲。老渔夫明白，有顶戴花翎的人，那是大官。但穷打鱼的上哪儿去找这当官的人呢？这明摆着就是难为人嘛！那年月，姑娘如果被人悔亲，真比生了私孩子还难看，是绝再嫁不出门去的了。

老渔夫心急如焚。猛然，他想起了京城里那个口头结义的阔兄弟，便想找他想想办法，或许他就认识当官的呢。

老渔夫挎着一篮子大红枣来到了京城。天子脚下的百般景象和乡村小镇自是大不相同，但偌大的京城到哪里去找兄弟？他问了好多人，都说不知道。怎么办呢？人急上卦摊。他找到一个算卦的老先生，把自己的难处讲述了一遍，又把那张大圆圈套着小圆圈的"地址"递了过去。

算卦的疑惑地摸着八字胡，看看渔夫，又看看那张地址，半天才说："你要真有这么个兄弟，闺女的亲事不但能成，而且你还有大福大贵。""到底我兄弟住哪儿呢？"算卦先生笑嘻嘻地说，"这大圆圈套小圆圈，分明是城中城。城中城岂不是万人上者住的吗？来顺着我的手势看，往前走，那有一个大围墙，墙外有护城河，河上有白石桥，你过了桥，见一个大红门，就朝里走。你兄弟就住在那儿！"老渔夫道声谢，付过卦礼，挎着篮子就直奔午门而去。

护卫挡住他，骂道："乡巴佬，你探头探脑地想找死啊！"老渔夫作揖打躬央求着："俺找兄弟，你叫俺进去吧！""滚开！"护卫推搡着骂道："这里哪有你什么兄弟，走，快走！"

正吵闹间，从宫里走出一个护卫官，他恰好是当年随乾隆打猎的一个卫士。他认出了老渔夫，便喝退卫兵，将老人让进门房等候，自己进去通报。

当时乾隆正和满朝文武大臣朝会，忽听渔夫哥哥到了，便想起了当年之情，忙下御旨，叫刘罗锅子代为迎接，把老人接进了金殿。乾隆说："老哥哥，哪阵风把你吹来啦？"老渔夫说："兄弟，俺遭难了！""怎么？"乾隆吃惊地问。老渔夫把事情学说了一遍。乾隆哈哈一阵大笑，说："老哥哥，你别为难，慢说要两个有顶戴花翎的，就是要千八百个都有哇！"老渔夫闻听乐了，连忙把一篮子大红枣献给乾隆。乾隆对文武大臣们说："来呀，这是我皇兄带来的礼物，众家爱卿都来尝尝鲜儿！"

圣旨一下，众文武大臣受宠若惊。慢说是大红枣，就是土坷垃，御赐的也是宝贝。左右两班的大臣都过来抓枣，还唯恐抓少了。独有刘罗锅子拿了一粒在手中握着。乾隆见枣抓得所剩无几了，就笑着说："众家爱卿都把自己抓的枣数一数，看有多少个？"众人不解其意，但圣命难违，数完枣便都如实报了数。乾隆命刘罗锅子一一记上。而后，才正色言道："众家爱卿，这红枣乃是老皇兄带来的礼物，我们能让皇兄空着手回去吗？这样吧，每个枣算十两银子，谁抓了多少枣都自己算算，赶快派人回家去取，给朕的侄女做嫁资！"刘罗锅子心中暗笑："我就知你没安好心！"众大臣虽有苦难言，也只好如数拿钱，乾隆一文钱没花，却买了一个大大的人情。他还对众人说："朕的侄女结婚那天，众卿连亲带友，凡是有顶戴前程的，都替朕去送亲。叫我皇兄给你们做一顿一等饭食。"

果然，老渔夫女儿结婚的那天，从京城来了大队人马，浩浩荡荡，吓得那个七品县令磕头如捣蒜，再也不敢小瞧打鱼的了。

铁算盘的聚宝盆[①]

双街村地处北运河畔，独守一条进出天津卫的必经之路，旧时人们挑着扁担在运河两岸做生意，行人客商来往频繁，很多人由此发了家，开了店铺。如此得天独厚，生意

① 赵菁、鲍景芝整理。

本应十分兴盛。可双街北边有家小客店，那里的掌柜算计成癖，总挖空心思找借口多收客人几个小钱。店里尘土蛛网，被褥脏破，店外夹道里的便盆，开店几年不曾洗涮一次。生人初见，常常疑是白雪堆一般。所以生意每况愈下，不见红火。

有朋友劝掌柜，担心长期这样，小店必定倒闭。而那掌柜振振有词，自有“小九九”拨响：开店当赚钱。生客与我君，萍水相逢，浮来漂去，有空闲再寻找财路，岂不更好，何必操心这些？于是，人送外号“铁算盘”。

一日，店里住下一位南方客商。他忽见房后那积年不涮、白如雪盖的瓦盆，愿出大价钱买下。“铁算盘”又惊又喜，接着眼珠一转，心里拨开了“小九九”。忽而又想起了“南蛮子憋宝”的故事，不禁心花怒放。心想，莫非这玩意儿真是聚宝盆？可我怎么不曾见它显灵呢？也许是放在夹道里，显灵我也没能发觉吧。听人说这种宝物必得在午夜子时烧香上供让它得其祖先香火方才显灵呢！对，今天就把它供上先祖牌位，到时必能看到，那时我就会得到……。真乃福星高照，降下贵人显圣，我“铁算盘”转运之日到了。想到这里，他手捏着鼻子把尿盆子用开水烫一遍又一遍，刷一回又一回，刚要把它擦干净奉上祖宗仙台，却被那客商看到了说：“掌柜的，现在你这个盆子白送我也不要了。”“铁算盘”听罢目瞪口呆，愣了半天才问道：“这是为嘛？”客人道：“我要的正是那盆上的陈年老碱，用它配药可治大病。其味能缓解异症邪风。如今你洗得这般干净，还能值几文？”“铁算盘”听后傻了，把“聚宝盆”摔碎了。

双街置业集团职工书屋（2016 年）

名人与名村

双街村人杰地灵，民风淳朴。从古到今，勤劳善良、朴实诚恳的双街人不断演绎着令人瞩目的精彩与辉煌。从他们身上，就能看见双街发展的历史、前进的脚步和惠及村民的福泽，从而引来更多的人慕名来到双街居住生活，一同感受双街的幸福。

双街村人杰地灵，不仅留下了一代武师的真传，还留下了两位帝王与此地不解之缘的佳话。

◉ 人物传

鲍有声（1913—1995） 曾用名鲍子禄，双街村人，职业武师，全国武术冠军、八极拳第七代传人。

有声 8 岁时在双街老家练过少林长拳，15 岁时经人推荐到天津城里的河北国术馆学习深造。该馆是曾任东北镇威军第六军军长许兰州创办的，学员 3 年一期。学员一般学一期就可毕业，鲍有声一直在馆 3 期，第二期时随国术馆搬迁到了北京中南海东跨院万善殿继续学习。因其品行端正，忠厚刻苦，武术天分高而成为许兰州之子许家福的入室弟子，并得到许家禄、李萼堂、刘琪瑞的执授和“神枪”李书文等点拨，习练罗疃八极、劈挂、易筋经、六合大枪等武艺。与张世忠、杨桐茂、吴玉昆号称国术馆“四大金刚”，鲍有声为“四大金刚”之首。因功夫深厚他被聘为国术馆教习，并任教务主任。

全国八极拳打擂他是第一人。1931 年，他参加南京运动会获武术比赛中量级第二名、银盾 1 个、银牌 1 枚；1932 年，参加全国第二次国术国考，获枪术第二、拳术第一；1933 年，在上海参加第一届全运会，夺取拳术中量级第二名、枪术第一名；1934 年，在天津宁园参加第十八届华北运动会，获剑术第一、枪术第一、大劈挂掌第一，获奖品宝剑 1 口、金牌 1 枚；参加全国国术国考八极拳打擂获冠军。

“七七”事变后，国术馆解散，其师许家福带鲍有声回到许公馆，在他家里又练了 3 年。鲍有声共随许家福练习八极拳 13 年，成为八极拳第七代传人。

1939 年，经许兰州介绍，鲍有声到青岛 101 部队任武术教官。新中国成立后，鲍有声回到北京，被分配到北京西城区卫生局，1958 年到北京西城汽车配件厂当工人。业余时间，他带了一些徒弟教授武功。1966 年受到冲击，鲍有声被抄家 3 次，国术馆解散时许家福交给其保存的全部器械和拳谱等物品都被抄走，鲍有声回老家双街村务农。

由于八极拳是以近身靠打为主，动作工整，刻画严格，极难掌握。鲍有声在总结前人经验基础上，汲取各门派之长，提升八极拳术。他吸收了武当掌门人“铁蒺藜”高虎臣、“神枪”李书文的披挂、顶拱长板之长，将原八极拳的近身靠打与披挂的中、远距离打结合起来，将内功与外功融合起来，创编了既突出刚猛、爆发力强、身法极快，又便于推广练习的鲍氏八极拳，成为双街鲍氏八极拳创始人，将八极拳加以发扬光大。

鲍有声培养的弟子刘殿仕、王世泉、鲍雅齐、王景州、鲍秀华、赵友等数十人，皆成大器。其中王世泉曾获 1983 年北京朝阳区武术比赛拳术第一名、枪术第一名，北京市农民武术比赛拳术第一名、对练第一名、枪术第二名和三项全能第一名；1992 年北京市传统武术比赛枪术第一名、八极拳第二名；1993 年北京市传统武术比赛器械第一名、八极拳第二名。为中国武术七段，任中国武术协会委员、中国武术协会经济委员会委员、北京武术协会副主席、北京市武协八极拳研究会会长、北京武术院副院长、北京市朝阳区武术协会副主席、北京华园武术培训中心董事长、吴彬世泉北京国际武术俱乐部董事长。

鲍有声之子鲍雅齐得父亲真传，继承父志，成为八极拳第八代传人、鲍氏八极拳第二代传人。他于 2006 年创办双街八极拳武术协会，创小学体育课开设八极拳教学之先河，获佳绩多项。

1995 年，鲍有声于天津病逝，享年 82 岁，骨灰葬于双街村附近天福陵园内。

◉ 名人与双街

康熙巡经北运河 作为北运河上的一颗明珠，双街村以它独特的优势，承载着运河水的千年滋养，也孕育着这一方水土。由于北运河特殊的水上交通位置，康熙曾多次巡幸江南，在双街一带留下佳话。

康熙皇帝，即清圣祖爱新觉罗·玄烨，一生数次巡幸江南，多次沿北运河途经往返。如今，几百年过去，在双街村的紫御园内，就有一面根据赵师泉画作《康熙巡经北运河》绘制的浮雕墙。该画作全长 1.26 米，宽 0.8 米，采用绢本、工笔、淡彩的表现方法，展现了 99 种船只 161 条、915 间房屋、1758 个人物、544 棵树木的生动画面。该画作描绘了清康熙皇帝在康熙四十六年（1707），第六次南巡途经北运河时的宏大场面，再现了当时包括双街村在内的北运河沿岸村庄、码头人物风情和经济繁华的景象。

附：妙笔溯源绘长幅——访北辰区巨幅民俗民风溯源画绘制者赵师泉[①]

画完了北仓皇会组图，赵师泉并没有停笔，这位被北运河滋润长大的北辰人，又将画笔挥洒在秀丽的母亲河上。天津之名来自天子之津，换句话说，就是天子走过的渡口。上溯历史，据史书记载，众多皇帝巡经于此，而最为大家耳熟能详的非康熙这位千古一帝莫属。康熙巡经北运河盛况空前，史书上有很多文字描写，遗憾那时没有相机，没留下影像，大家只能在文字中回味、幻想。于是赵师泉便生发了创作《康熙巡经北运河》长卷的灵感。

【录音，赵师泉："就一个一个地画，画了一个皇会，画了一个天下皇仓北仓廒，又画了一个康熙南巡。就是把清代康熙南巡时候坐船的情况画了一遍，表现康熙南巡路过北运河时宏大壮观的场面。咱们的史书都记载了这个，都没有把它变成绘画造型艺术。跟小说不一样，（绘画）直观，一看就知道怎么回事。这幅画大约用了一年零四个月的时间。"】

《康熙巡经北运河》作品，描绘的是清朝康熙皇帝在 1707 年也就是康熙

---

① 作者：朱京立，节选自其作品集《水过留痕》。

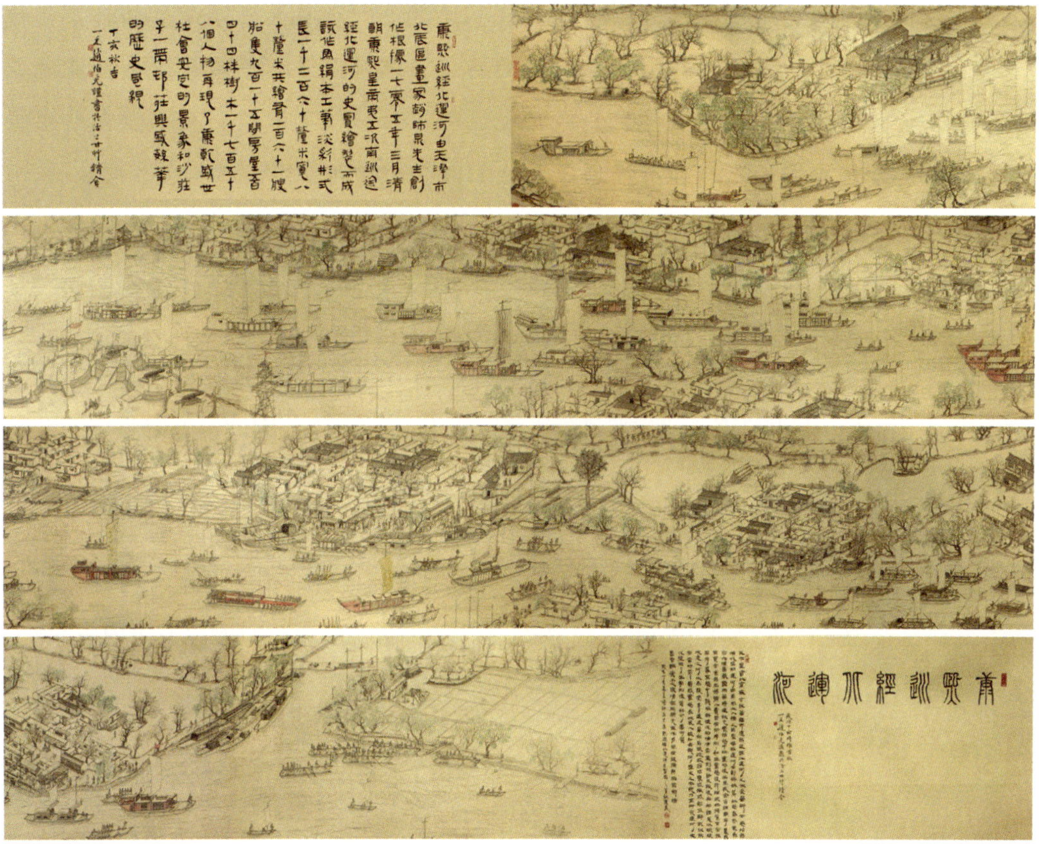

《康熙巡经北运河》画作（2015 年）　　赵师泉　提供

四十六年第六次南巡途经北运河的宏大场面，再现了康熙皇帝宏图大略，人民安居乐业，社会安定，欣欣向荣，一片繁华的景象。画作前后呼应北运河这条主轴线，把北运河两岸的村庄、盐码头、炮台等地形地貌、人物风情有机地结合在一起。

当长 12.6 米的《康熙巡经北运河》长卷在眼前展开时，人们仿佛穿越到画卷中：在巍巍壮丽的北运河畔，皇家船队浩浩荡荡，盛况空前，河岸两旁民居古朴，人们悠闲地生活着。青翠的垂柳随风飘起，阵阵清风扑面而来。还有热闹的集市。这精湛的笔法、精确的测绘，都得益于赵师泉三十年来水利、测绘、机械制图等方面专业知识的积累。

【录音，赵师泉："什么都用得上。绘画里面的技艺你得用得上，人的比例啊、动作啊、空间的关系啊、层次啊、透视关系啊；建筑你得用上，得有房子啊，你离开房子行吗，离开路行吗，这也用得上。所有东西最严谨的就是机械制图，绘画要严谨，要是有机械制图的功底，绝对严谨。一般非这个行业的人他不会记这么多，我搞过建筑，我就把这些东西移植下来了。测绘学当然用得上，比如说比例关系，都用得上。这个大画是一种综合的艺术。”】

乾隆钟情北运河 乾隆皇帝下江南，不仅载于史册，而且流传民间。史书记载，乾隆皇帝在位 60 年，外出达 150 余次，号称是“马背上的朝廷”“旅游皇帝”。

“天津近接神京，有运河以达东南，为其跸路所必经。”因此乾隆皇帝曾十次到天津。其出行之路，多由北京通州乘船南行，北运河是必经之路。因此，乾隆皇帝对北运河情有独钟。

恰逢清乾隆三十二年（1767），天津连降暴雨，导致水灾发生，北运河多处决口，运河两岸 90% 的村庄被淹，农作物减产一半。特别是双街村，损失惨重，百姓流离失所，很多村民为逃水灾都离开故土，投靠远方亲友。乾隆皇帝随即下旨安排救灾事宜，下拨赈灾所需的官银、官粮，而且亲自到双街一带的北运河，查看灾情，督促堤防，帮助百姓重建家园。

返京时，大批送行的官民沿河歌舞欢呼，热烈场面感动了乾隆。但他并没在歌舞盛情中陶醉，而是体恤民情，怜惜灾区百姓，想的是如何“赈灾生产”。于是，又在船上挥毫赋诗一首：

安福御舻溯海河，夹堤十里备笙歌。

迫因希泽方愁己，一任排当懒听他。

此后，乾隆皇帝多次巡视北运河水利工程，并将此项纳入地方官员的政绩及考核之中。从此，北运河与乾隆皇帝结下了“不解之缘”，乾隆皇帝的政声也因此在民间广为流传。尤其是双街村一带，至今人们都因此称北运河为御河。

大事纪略

双街村地处北运河畔，是北辰的北大门、津北新市镇，是连接京津，沟通山西、内蒙古、河北、东北等地的重要通道。这里物华天宝，资源丰厚。明清时期，双街成村并见诸历史典籍。新中国成立前，村民与国民党保安团、壮丁队进行了英勇的斗争。新中国成立后，双街村干部群众为发展工农业生产、建设美好家园，艰苦奋斗，奋发图强。特别是改革开放后，全村上下为创建全国文明村镇、全国民主法治示范村、全国敬老模范村、全国最有魅力休闲乡村等，拼搏进取，开拓创新，取得了骄人业绩，硕果累累。

◉ 双街人参军抗日

1937年7月7日“七七”事变后，日军不断向天津、北京大举进攻。7月30日天津沦陷后，中共西北乡农民支部书记孙振武在津北组建华北人民抗日联军第二十七支队，双街等村大批青年参军，走上抗日战场。

◉ 与双街壮丁队作斗争

1945年12月，国民党天津县保安团进占双街等村。12月21日夜，因冀中三十八团和九分区回民支队协同，攻打河头、双口，全歼保安中队、警察所、自卫团，双街国民党守军撤回天津市内。1946年4月，双街进驻保警中队。在国民党天津县政府扶植下，李宝琨成立双街壮丁队。中共四区区委书记王志新、区长安振英、组织委员宋毅、区农会主任孙志珍率领群众活动，打击双街等地的还乡团、壮丁队。6月，双街壮丁队破坏了双街地区20多个村的革命政权，杀害革命志士68人，迫害群众200人。入秋，双街壮丁队给李宝琨护秋，津武六区小队与其交火，多名战士牺牲。1948年12月

德国旅行团成员与双街村民座谈（1995 年）
郭华　提供

德国旅行团成员与双街村民共进除夕晚餐（1995 年）
郭华　提供

20 日晨，东北野战军八纵二十二师进入津北地域，先后拿下双街等保安团据点，毙俘敌 320 多人。双街壮丁队溃散，队长李宝琨等逃跑。

1951 年 2 月 24 日，在“镇反”运动中，李宝琨作为反革命分子，被人民政府处决。

1995 年德国奥林匹克旅行参观团与双街村民共度除夕

1995 年 1 月 30 日，德国奥林匹克旅行参观团一行 33 人到北辰区参观访问，同双街村民共度除夕。德国客人与双街村民座谈，放鞭炮，学包饺子。北辰区区长宋联洪、双街乡党委书记温国祯、乡长郭连生等陪同。

2002 年双街居民用上天然气

2001 年 4 月 28 日，北辰区召开天然气引入北辰会议。该项目总投资 5000 万元，其中北辰区投资 1500 万元。2002 年 2 月 6 日，该项目完工举行庆典，管道全长 20.22 千米。双街等村（居）民用上天然气，首先受益。

2004 年团中央书记处书记为双街科技中心揭牌

2004 年 4 月 6 日，天津市城乡青年中心试点建设座谈会暨双源科技青年中心揭牌仪式在双街村举行。双源科技青年中心为双街村创办，是天津市城乡青年中心试

试点建设座谈会会场（2004 年）　　区志办　提供

刘春海在传递奥运火炬（2008 年）　区志办　提供

点单位。团中央书记处书记尔肯江·吐拉洪莅临仪式现场，并为双源科技青年中心落成揭牌。

◉ 2006 年双街村建成天津市首批模范小学

2006 年 9 月，作为天津市首批 8 所模范小学之一的北辰区模范小学在双街村建成并投入使用。该小学总投资 4000 余万元，占地面积 2.8 公顷，总建筑面积 15000 平方米。可容纳 39 个教学班、1500 余名学生在校就读。该校整合了双街区域的教育资源，原双街小学等 3 所小学的学生至该校就读。

北辰区模范小学外景（2007 年）　　区志办　提供

双街幼儿园外景区（2009年）　　区志办　提供

◉ 2008年双街村党总支书记成为奥运火炬手

2008年8月1日，北京奥运圣火在天津滨海新区传递。双街村党总支书记刘春海作为第63号火炬手参加火炬接力。是月，由天津市总工会组织的40多位天津市劳动模范奥运火炬手代表欢聚在双街村，火炬手孔祥瑞、刘春海、王宝泉等向全市368万名职工发出“传承奥运精神，做好本职工作”的倡议。

◉ 2009年双街村幼儿园成为市级示范幼儿园

1988年，双街村建村办幼儿园，建筑面积200多平方米。由双街村办企业添置滑梯、旱船等儿童游玩器械。1989年，双街幼儿园被评为天津市农村优秀中心幼儿园。2004年7月，新双街幼儿园建成，建筑面积5000平方米，成为区花蕾学前教育集团双街分园。2009年10月，双街幼儿园被评为市级示范幼儿园。

◉ 2009年“新中国甲子国庆大典”天津彩车落户双街村

2009年10月，在庆祝新中国成立60周年盛典游行中，双街村党总支书记刘春海站在“新中国甲子国庆大典”天津彩车——“滨海新貌”彩车上，接受了党和国家领导人

天津彩车（2009 年）　　　　　　区志办　提供

的检阅。11 月 22 日，该“滨海新貌”彩车被双街置业集团有限公司收购收藏，置于龙顺庄园内。后又被龙顺集团收购。

◉ 2010 年双街置业集团为天津女子柔道队冠名

2010 年 6 月 17 日，双街置业集团有限公司正式与天津市体育局签订协议，为屡创佳绩的天津女子柔道队冠名，称为双街置业集团女子柔道队。在签字仪式上，双街村鲍式八极拳等与天津女子柔道队先后献艺。

◉ 2011 年双街村成为天津市最美乡村

2011 年 6 月 9 日，由天津市农村工作委员会、天津市旅游局、今晚传媒集团渤海早报联合主办的“寻找津沽最美乡村（镇）”评选系列活动启动，历时 70 天。经全市 6000 余名市民推荐、区县选送、评选组委会筛选，北辰区双街镇双街村以绝对优势从全市参赛的 132 个乡村（镇）中脱颖而出，成为天津市 20 个最美乡村（镇）之一。

◉ 2014 年双街村成全国首个“微博村”

2014 年 7 月 17 日，双街村向 506 户村民发放专门配备的智能手机，并配发经村民实名认证的微博账号，账号名统一以“幸福”开头，农户加“V”即可上网。其间，双街种养殖合作社官方微博“@ 幸福双街”已经开始发布微博。是日上午，双街村党委书记、村委会主任刘春海坐镇“@ 幸福双街”，以微访谈的形式与微博网友面对面交流。“微博的开通，让双街人的生产生活一步跨入了‘微’时代。”刘春海自豪地说。

据刘春海介绍，双街村正在建立自己的网站，还将在淘宝、天猫或其他规模较大的电商平台上设置“双街葡萄园”店铺，双街种植合作社也与顺丰速运签订线上线下合作协议。此次与新浪天津合作的“微村”项目，正是借助微博强大的传播效应，既可以用来宣传造势，又可以做 O2O（Online To Offline，在线离线 / 线上到线下，是指将线下的商务机会与互联网成为线下交易的前台），无论是对双街村农业的品牌塑造还是对整体营销，都将起到很好的引领作用。村民开通微博，更为消费者提供了一个“面对面”了解产品的机会，非常符合“社会化营销”的潮流。众多网友通过微博加深了对双街和双街葡萄的了解。同时，通过有意识地使用微博，在微博上与网友交流，越来越多的双街村民有了更多的市场意识。

对于“微博村”的开通，“@ 幸福村长刘春海”亲切地说 :“欢迎大伙没事常来双街，看看我们的村子，尝尝我们的葡萄，您吃到嘴里甜，我们心里就甜。我相信在微博的帮助下，双街的幸福会让更多人分享，双街的葡萄会有更多人品尝。”“过去，农民想聊聊天、谈谈种地心得，只能走街串户进大棚。如今，打开手机刷‘微博’，可以随时随地分享生活点滴。”刘春海说 :“村民也能通过微博跟村干部互动，对村经济发展和社区管理提出好建议。”

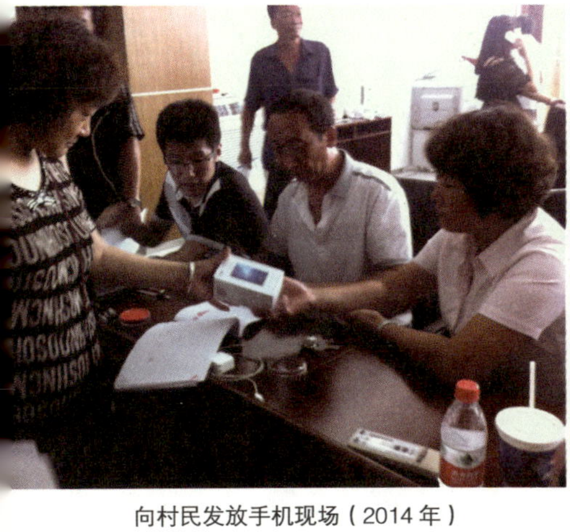

向村民发放手机现场（2014 年）
双街村　提供

双街村民正在用手机上网发微博（2014 年）
双街村　提供

◉ 2015 年双街村入选全国“现代新村”

2015 年 10 月，农业部开展了 2015 年中国最美休闲乡村推介活动，进一步推进生态文明和美丽中国建设，保护中国传统村落和特色民居。经过地方推荐、专家评审和网上公示等程序，全国有 120 个村被推介为 2015 年中国最美休闲乡村，天津市北辰区双街村入选“现代新村”。

◉ 2016 年双街村设立进口商品直营中心

2016 年 10 月，中国（天津）自由贸易试验区东疆进口商品直营中心落户北辰区双街村，这是天津市首个设在村里的进口商品直营中心。1200 多名双街村民在家门口尽享地道海淘洋货，买到保真低价的千种进口商品。该直营中心运营受自贸区利好政策影响，同样的一件进口商品运抵天津，运输费用、进货成本等相应减少。同时进口商品全部由境外直供，没有中间环节，实现了最大程度的优惠。该直营中心设有 6 个区位，针对群众购物特点进行精准采购。其后该中心又推出了图书区、餐饮区，孩子们能在这里借阅各种原版名著和双语儿童绘本，村民还能品尝正宗西餐，享受外国厨师手把手传授烹饪厨艺等。

中国（天津）自由贸易试验区东疆进口商品直营中心外景（2016 年）　　双街村　提供

附录

双街村村民有章可循。

村民自治章程

前　言

为了建设小康社会，推进“三个”文明协调发展，全面建设富裕、民主、文明的社会主义新农村，依法实行村民自治，推进民主选举、民主决策、民主管理、民主监督，根据国家法律、法规和政策的有关规定，结合我村实际情况特制定本自治章程，以求不断提高村民整体素质和全局观念，保证我村各项工作顺利进行。

第一章　总　则

第一条　村民自治章程是村民自我管理、自我教育、自我服务的行为规范，也是全体村民应当遵守的行为准则。

第二条　村民自治章程的指导思想：以十八大精神为指导，高举中国特色社会主义伟大旗帜，以邓小平理论、“三个代表”重要思想、科学发展观为指导，解放思想、改革开放，凝聚力量，坚持以人为本，坚定不移地走中国特色社会主义道路，使每个村民牢固树立建设有中国特色社会主义的共同理想和正确的世界观、人生观、价值观。

第三条 全体党员、干部、村民在工作、生活和社会交往活动中必须遵守本自治章程，坚持有章必依、执章必严、违章必究、人人平等的原则。

第四条 外来人员进驻本村的，必须服从本村管理，履行义务并遵守本自治章程。违者，村委会有权采取必要措施予以制止。

第二章 村务管理

第五条 村民委员会是村民自我管理、自我教育、自我服务的基层群众性自治组织。村民委员会实行民主选举、民主决策、民主管理、民主监督。

第六条 村民委员会要自觉维护村党委的领导核心地位，积极抓好村民委员会的建设，建立健全村民委员会下属的组织机构，积极完成上级政府和村党委交给的各项任务。

第七条 为体现社会主义制度的优越性，村民委员会要充分发挥集体优势，调动村民的积极性，不断增强村集体实力、增强村民委员会的凝聚力，组织村民共同参与本村的文化教育、环境卫生、社会福利等公共事务和公益事业，满足村民物质上和精神上不断增长的需求。

第八条 村干部要认真执行党的路线、方针、政策、努力带领村民发展壮大集体经济。

第九条 村干部要有高度的事业心和政治责任感，带领全体村民艰苦创业，做村民走向富裕之路的领路人。

第十条 村干部要遵纪守法、秉公办事、廉洁自律，尽心尽力为全体村民服务，不断提高管理和业务能力，做三个文明建设的带头人。

第十一条 凡属本村重大事务，要广泛征求村民代表和村民的意见，由村民代表会议或村民会议民主讨论，民主决策，严格执行“六步决策法”。

第十二条 提高村民待遇，让村民能够过上更殷实的生活，靠的是经济基础。村委会在村党委指导下制定了双街村发展规划总体目标，就是为了不断壮大集体的经济实力，让村民能够得到更多的实惠，村民有责任配合村里的各项工作。

第十三条 凡是经过村民代表会议或村民会议做出的决议，村民代表和党员干部要带头执行，对违反和干扰经民主议定程序通过的决议实施的村民，村委会将根据情节轻重，取消该村民相应的福利待遇。

第三章 土地管理

第十四条 认真执行《中华人民共和国土地管理法》《中华人民共和国城乡规划法》和市、区相关法律法规的规定，合理利用土地，切实保护耕地，服从规划管理。

第十五条 村内土地属村集体所有，一切公共财物及各种配套设施属村集体所有，由村委会统一调配和行使管理权。任何村民不得违法占用和处分土地。

第十六条 村民有承包地的，严禁在承包土地内私搭乱建各种建筑物或埋设地下设施，禁止弃耕、荒芜土地。对弃耕、荒芜土地者村委会有权收回土地。

第十七条 村民必须珍惜和合理利用土地，禁止乱占、乱挖土地，一经发现由本人负责恢复原状。

第十八条 村民承包土地必须依法签订承包合同。在承包期内向村委会缴纳承包费、水、电费、配套设施使用费等相关费用。逾期不交按相关法律规定或承包合同约定加收滞纳金，情节严重的，村委会将解除合同并收回土地。

第十九条 村民在承包期内如遇国家征地（含市、区、镇政府）、集体规划占地等情形，应顾全大局，支持国家、集体建设，将承包的土地交归村委会统一处理。

第四章 村民行为管理

第二十条 村民要做到学法、知法、守法，增强法制观念，维护社会的安定团结。弘扬正气，抵制歪风，敢于同一切违法犯罪行为作斗争。

第二十一条 严禁村民收留身份不明人员，村民发现可疑人员应及时报告村委会或公安机关。

第二十二条 严禁村民制造、传播虚假信息，组织、煽动他人进行非法集会，造成严重影响的送交公安机关依法处理。

第二十三条 村民出生、死亡应及时申报和注销户口，自觉遵守户籍管理规定，村民向外来人口出租房屋时应及时向村委会办理备案登记手续，自觉缴纳房屋租赁税，并督促外来人口向派出所、外来人口管理部门办理相关手续。

第二十四条 严禁村民制假、售假，不得为非法经营者提供场所。

第二十五条 严禁村民在住宅内存放危险品、易燃易爆和剧毒物品以及枪支弹药，一经发现依法处理。

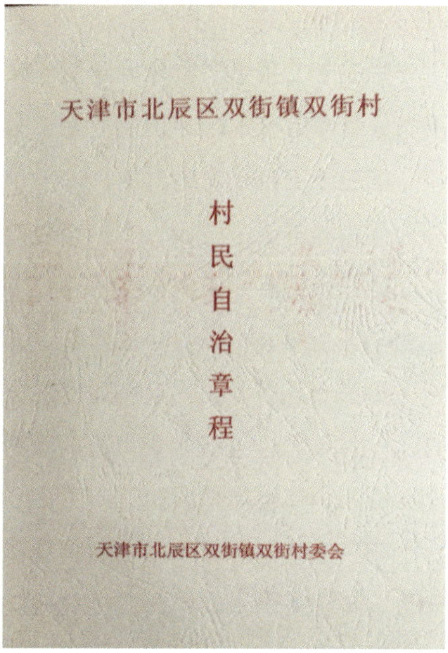

双街村村民自治章程（2016 年）
双街村 提供

第二十六条 严禁村民无理取闹，扰乱村委会及驻村企事业单位正常的工作秩序，一经发生将给予严肃处理，情节严重的，送交公安机关处理。

第二十七条 严禁村民在村域内公路两侧摆摊设点，妨碍交通，禁止将机动车、非机动车在村域内乱停乱放，妨碍他人通行。

第二十八条 村民应遵从公序良俗，向村委会或上级机关反映问题过程中，应遵守法律、法规，不得损害国家、社会、集体的利益和其他公民的合法权利，自觉维护社会公共秩序和信访秩序。

第二十九条 村民应切实保护村域内各种绿化树木，不得任意毁损。禁止乱砍滥伐树木，采伐树木必须申请采伐许可证，按许可证的规定进行采伐。

第三十条 严禁在村域内乱倒垃圾，村民的生活垃圾由村清洁队及时集中清运，并逐步实行垃圾袋装化。不得在居住区内饲养家禽、不得在主要道路和通道乱堆杂物，不得在路灯、墙体等设施上乱贴广告及其他标识。

第三十一条 严禁村民从事或协助他人从事我国现行法律、法规、政策禁止的其他一切违法、违纪活动。

第五章　计划生育

第三十二条　国家推行计划生育，是为了保证人口的优质增长同经济、社会协调发展，夫妻双方有履行计划生育的义务，鼓励优生优育，科学早教，禁止计划外生育。

第三十三条　对生育 2 个以内子女的不实行审批，由家庭自主安排生育，怀孕后应领取生育服务证。

第三十四条　育龄夫妻自主选择计划生育避孕节育措施，预防和减少非意愿妊娠，如避孕失败应及时采取补救措施。

第三十五条　村民有协助配合政府做好计划生育工作的义务；育龄妇女外出经商、打工的，须办理《流动人口婚育证》，每季度到现居住地镇级以上计生部门开具康检证明并寄回户口所在地。

第三十六条　村民将自有房屋出租他人的，应到村委会备案，并配合村计生专职干部作好承租人的计划生育宣传教育、管理服务工作。

第三十七条　违反计划生育政策的村民应依法足额缴纳社会抚养费。村委会对违反计划生育政策的村民取消一切福利待遇；对包庇超生人员、隐瞒超生情况的村民给予相应处罚。

第三十八条　村民收养他人未成年子女的，应符合收养法规定的条件，并应及时到民政部门办理收养登记手续。

第六章　精神文明建设

第三十九条　村民应遵纪守法，诚实守信，遵守国家法律、法规以及市、区、镇、村各项规章制度，依法行使权利和履行义务。

第四十条　崇尚科学，反对邪教，树立科学健康、文明向上的世界观、人生观、价值观，反对封建迷信活动，破除陋习，移风易俗，积极开展健康、文明的文体活动，不参加各种邪教组织和不健康的活动。

第四十一条　勤俭持家，劳动致富。积极参加各种培训，学习科技知识，掌握一技之长，为家乡建设做贡献。

第四十二条　提倡喜事新办、丧事从简。村民婚、丧、嫁、娶要自觉接受村红白理事会的指导与管理。

第四十三条　讲文明、讲礼貌、讲卫生；尊老爱幼、团结互助、邻里和睦；维护好村容村貌；积极参加各种公益活动。

第四十四条 认真贯彻落实《天津市殡葬管理条例》，提倡厚养薄葬。村民死亡后必须实行火葬，禁止土葬和骨灰二次装棺埋葬；村民在为亲属办理丧事时不得吹打念经，搞封建迷信活动，违者按有关规定处罚1000元—10000元。党员干部要在实行《天津市殡葬管理条例》中起到模范带头作用，使殡葬改革顺利进行。

第四十五条 履行公民应尽的劳动、受教育、计划生育、父母抚养教育未成年子女、成年子女赡养父母、维护民族团结、服兵役和参加民兵组织、依法纳税等义务。

第七章 村民福利待遇

第四十六条 村民年满18周岁未在校人员，村委会为村民办理社会统筹养老保险；老年人享受村发放的退休金；春节、中秋节发给过节补助费。

第四十七条 村委会对本村无儿无女、丧失劳动能力的孤寡老人，经民政部门审批并经公证后，实行五保供养。

第四十八条 对因残、因病造成的家庭生活困难的村民，村委会将根据其困难情况，按相应标准给予救助。

第四十九条 村民子女考入大专以上院校的，村委会将根据相关规定分别给予奖励。

第五十条 为避免村民因病致贫，村委会为村民统一办理城乡医疗保险，参加城乡医疗保险的村民因病住院，其家属应及时通知村委会，办理相关手续。村民出院后，带相关材料（诊断证明、住院费收据、医疗申请支付审核单）到村、镇办理报销手续。

第五十一条 对育龄村民实施结扎手术，育龄妇女初次放置宫内节育环，上环失败作流产手术等情形的，按照相关规定给予相应奖励及补助。

第五十二条 2015年12月31日前生育一个子女的农业户家庭，村委会每年发给14周岁以下独生子女父母奖励费，一方为农业户口的享受50%，其子女可以享受“六一”儿童节礼品。

第五十三条 每年“两节”期间村委会为村民发放过节费和礼品。

第五十四条 现役军人享受村民同等待遇，村委会对现役军人家属每年进行优抚慰问。

第五十五条 本村村民死亡，凭火化证和销户证明可以享受丧葬补贴。

第八章 附 则

第五十六条 本《章程》是在广泛征求村民意见的基础上由村民代表会议讨论并通过的，由村委会负责执行，村民代表会议负责监督。本《章程》中的条款如有与国家法律、法规、政策相抵触的按国家规定执行。

第五十七条 为了依法治村，保证村民自治的严肃性，村委会将对违反《村民自治章程》和其他村规民约规定的村民，根据情节轻重、态度好坏等具体情况，给予处罚。

第五十八条 本《章程》由双街村委会负责解释。

第五十九条 本《章程》自 2016 年 3 月 1 日起施行，并报镇政府备案，如有修改变动需经村民代表会议通过。

天津市北辰区双街镇

双街村村民委员会

2016 年 3 月 1 日

◉ 主要参考文献

1. 天津市北辰区地方志编修委员会编，主编宋联洪：《北辰区志》，天津古籍出版社，2000 年 10 月第 1 版。

2. 天津市北辰区地方志编修委员会编，主编霍贵兴：《北辰区志（1979—2009）》，方志出版社，2016 年 11 月第 1 版。

3. 天津市北辰区地方志编修委员会编，主编霍贵兴：《双街镇志》，吉林人民出版社，2015 年 11 月第 1 版。

4. 中共北辰区委党史研究室、北辰区地方志编修委员会办公室、北辰区双街镇人民政府编，主编霍贵兴、刘永炬：《双街镇简志》。

5. 天津市北辰区地方志编修委员会编，主编杨光祥：《典籍中的北辰》，天津古籍出版社，2007 年 6 月第 1 版。

6. 天津市北辰区地方志编修委员会编，主编霍贵兴：《北辰年鉴（2013）》，线装书局，2013 年 12 月第 1 版。

7. 天津市北辰区地方志编修委员会编，主编霍贵兴：《北辰年鉴（2014）》，吉林人民出版社，2014 年 12 月第 1 版。

8. 天津市北辰区地方志编修委员会编，主编霍贵兴：《北辰年鉴（2015）》，吉林人民出版社，2015 年 10 月第 1 版。

9. 天津市北辰区地方志编修委员会编，主编霍贵兴：《北辰年鉴（2016）》，吉林人民出版社，2016 年 12 月第 1 版。

10. 天津市档案局（馆）、天津市北辰区地方志编修委员会编：《档案中的北辰》，线装书局，2012 年 12 月第 1 版。

11. 中共北辰区委党史研究室、北辰区地方志编修委员会办公室编：《北辰民间传说故事集》，吉林人民出版社，2015 年 2 月第 1 版。

12. 中国人民政治协商会议天津市北辰区文史委员会编：《北辰文史资料第 11 辑〈北辰人物〉》，天津市古籍出版社，2006 年 12 月第 1 版。

13. 中共天津市北辰区委党史研究室、天津市北辰区地方志编修委员会办公室编：《天津市北辰区地情资料丛书第 2 辑〈北辰纪事〉》，线装书局，2013 年 5 月第 1 版。

14. 中共天津市北辰区委党史研究室、天津市北辰区地方志编修委员会办公室编：《天津市北辰区地情资料丛书第 3 辑〈北辰星迹〉》，线装书局，2013 年 12 月第 1 版。

15. 中共天津市北辰区委党史研究室、天津市北辰区地方志编修委员会办公室编：《天津市北辰区地情资料丛书第 4 辑〈媒体看北辰〉》，线装书局，2013 年 12 月第 1 版。

16. 中国人民政治协商会议天津市北辰区委员会编，主编胡曰钢：《〈北辰口述史历史文集〉第二辑》，中国文化出版社，2015 年 3 月第 1 版。

17. 北辰区地名志编辑部编，主编冯义东：《天津市北辰区地名志》，天津人民出版社，1996 年 12 月第 1 版。

18. 中共天津市北辰区委党史研究室、天津市北辰区地方志编修委员会办公室编，主编霍贵兴：《北辰大事纪略》，中国文化出版社，2016 年 7 月第 1 版。

19. 天津出版传媒集团编，主编朱京立：《水过留痕》，百花文艺出版社，2014 年 4 月第 1 版。

20. 主编李畅兴：《强村英杰刘春海》，人民日报出版社，2010 年 12 月第 1 版。

21. 主编王世泉：《八极拳珍传》，人民体育出版社，2005 年 7 月第 1 版。

◉ 编纂始末

根据中国地方志指导小组办公室《关于启动〈中国名村志丛书〉编纂工程的通知》和《中国名村志文化工程实施方案》部署，为全面贯彻落实第五次全国地方志工作会议精神，开发利用地方志文化资源，传承乡土历史文化，保存乡土文化记忆，充分发挥地方志教化、资政、存史功能，按照中国地方志指导小组办公室的统一安排和要求，2017 年 3 月，启动中国名村志文化工程《双街村志》编纂工作。随即成立了双街村志编纂委员会，组建编纂团队，并对《双街村志》的基本篇目进行了充分地研讨，确定了类目、分目、条目的三级篇目。全体编纂人员建立了微信群，以便于交流和联系，并根据不同类目进行明确分工，确立每周三召开编纂研讨的例会制度。中国名村志文化工程《双街村志》编纂之始，编纂团队就力争把《双街村志》编纂成体例、篇目、内容都有所创新的志书。主要从几方面着手：一是篇章结构设置，从村情出发谋篇布局，突出“名”与“特”。二是编纂实践中处理好传统志体与名村志体的关系。在横排竖写上力图有所创新，使名村志成为传统志书的补充、提炼、升华；力求在语言上趋向更朴实、严谨、简洁、流畅，增加志书的可读性；力图实现让志书走向社会，让读者了解志书，成为老百姓喜闻乐见的普及性志书；增加图照比例，以期图文并茂，用生动的图片反映双街村发生的巨大变化。三是把握好人与事关系，坚持生不立传，以事系人。在此对曾为双街村经济发展、社会进步做出过诸多奉献的各方英杰、各界贤仁未能入选本志，深表诚挚的歉意。

双街镇党委、政府及双街村党委十分重视名村志的编纂工作，责成双街镇处级干部郭维生、村委会工作人员郭华全面负责协调配合。双街镇各部门、双街村委员会、相关企业及个人积极协助。编纂团队同心同德认真负责地查阅大量档案资料和多部文史典籍，多次深入双街村进行民间采访、调研，收集口碑资料，并分门别类予以比较鉴别，删繁就简，去粗取精，择善而从，注重广泛性与可读性。整个编纂出版过程，区地方志审验领导小组成员认真把关，区地方志编修委员会办公室全体工作人员审校修改，市、区、镇有关领导及专家多次指导，促推本志书质量不断提升。本书由区党史研究室主任兼区地方志编修委员会办公室主任霍贵兴编审，胡曰钢、赵景秋、颜昌栋、刘秀玲、王雪艳、杨爱荣、赵菁等分类编写。本志以集体智慧、同心协力、共襄盛举之真挚，谋篇布局，斟句酌字，数易其稿。2017 年 7 月，完成中国名村志文化工程《双街村志》编纂工作，并先后通过镇级初审、区级复审和市级终审。编修名村志是一项崭新的文化工程，突出本村“名”与“特”，横陈百科，纵写古今。尽管编纂人员付出艰辛努力，广泛收集资料，认真核对史实、数据，不断提升编校质量，终因个别类目资料欠丰，收集困难，抑或资料如海，编者视野难及，加之总纂时间尚较仓促，编纂水平迟于方志编纂工作的迅速发展，错讹疏漏难免。诚望仁者诤言，知者睿语，方家赐教，各级领导及广大读者指导匡正。因本书中所选照片及诗词等文章众多，部分作品未能在出版前及时联系到著作权人，请著作权人看到后与我们联系，我们将奉上稿酬。

编　者

2017 年 7 月